MEDITAÇÃO

MEDITAÇÃO

Orientações passo a passo para praticar, acalmar a mente e alcançar o bem-estar

Giovanni Dienstmann

PubliFolha

Título original: *Practical Meditation*

Publicado originalmente no Reino Unido em 2018 pela Dorling Kindersley Limited, uma empresa da Penguin Random House, 80 Strand, WC2R ORL, Londres, Inglaterra.

Copyright © 2018 Dorling Kindersley Limited
Copyright © 2018 Publifolha Editora Ltda.

Todos os direitos reservados. Nenhuma parte desta obra pode ser reproduzida, arquivada ou transmitida de nenhuma forma ou por nenhum meio sem a permissão expressa e por escrito da Publifolha Editora Ltda.

Proibida a comercialização fora do território brasileiro.

Coordenação do projeto: Publifolha
Editora-assistente: Fabiana Grazioli Medina
Coordenadora de produção gráfica: Mariana Metidieri

Produção editorial: Página Viva
Edição: Carlos Tranjan
Tradução: Cristina Fernandes
Consultoria: Maria Angela Sanches Fessel, mestre em Reiki Usui, com formação em ioga, meditação e astrologia
Revisão: Laura Victal

Edição original: DK
Editora: Alice Home
Editora de arte sênior: Karen Constanti
Designer: Emma Forge
Designer de capa: Nicola Powling
Coordenadora de capa: Lucy Philpott
Pré-produção: Rebecca Fallowfield, Luca Frassinetti
Produtora sênior: Ché Creasey
Suporte técnico de criação: Sonia Charbonnier
Gerente editorial: Dawn Henderson
Gerente de arte: Marianne Markham
Diretora de arte: Maxine Pedliham
Diretora editorial: Mary-Clare Jerram
Ilustrações: Keith Hagan

Dados Internacionais de Catalogação na Publicação (CIP)
(Câmara Brasileira do Livro, SP, Brasil)

Dienstmann, Giovanni
   Meditação : orientações passo a passo para praticar, acalmar a mente e alcançar o bem-estar / Giovanni Dienstmann ; [tradução Cristina Fernandes]. -- São Paulo : Publifolha, 2018.

   Título original: Practical meditation.
   ISBN 978-85-94111-25-8

   1. Bem-estar físico 2. Conduta de vida 3. Meditação 4. Relaxamento - Técnicas 5. Saúde mental I. Título.

18-20310   CDD-158.12

Índice para catálogo sistemático:
1. Meditação 158.12
Iolanda Rodrigues Biode - Bibliotecária - CRB-8/10014

Este livro segue as regras do Acordo Ortográfico da Língua Portuguesa (1990), em vigor desde 1º de janeiro de 2009.

Impresso na China.

PUBLIFOLHA
Divisão de Publicações do Grupo Folha
Al. Barão de Limeira, 401, 6º andar
CEP 01202-900, São Paulo, SP
www.publifolha.com.br

UM MUNDO DE IDEIAS
www.dk.com

SUMÁRIO

Prefácio 6

PARA ENTENDER A MEDITAÇÃO

O que é meditação? 10
Derrubando mitos 12
Linhas de meditação 16
Um olhar mais detalhado 20
Aperfeiçoe capacidades 22
Alcance o bem-estar emocional 24
Meditar deixa o corpo zen 26
A prática da espiritualidade 28
A mente calma 30
Você pode escolher! 32
Uma casa sem dono é o caos 34
Viver no momento é só parte da história 36

A MENTE MEDITATIVA

Comece a jornada 40
Respire 42
Firme como uma montanha 44
Fixe o olhar 46
Inspire, expire 48
Nuvens no céu 50
O som do agora 52
Como você se sentiu? 54

COMECE A PRATICAR

Defina uma rotina diária 58
Todo dia 62
Aprecie o processo 64
As melhores posturas 66
Um sopro de ar fresco 70
Use as mãos 72
A arte da concentração 74
Ansiedade e meditação 76

TIPOS DE MEDITAÇÃO

Crie seu caminho	80
Atenção plena	82
Zazen	84
Vipassana	86
Pranayama da abelha	88
Kinhin	90
Ioga nidra	92
Ássanas da ioga	94
Tai chi	96
Neiguan	98
Kundalini	100
Trátaka	102
Visualização	104
Meditação com mandala	106
Meditações do terceiro olho	108
Mantra	110
Nomeação dos pensamentos	112
Silêncio interior	114
Neti neti	116
Expansão da consciência	118
Meditação sem cabeça	120
Meditação abstrata	122
Autoinvestigação	124
Zuowang	126
Meditações tântricas	128
Meditação da bondade amorosa	134
Meditação sufi do coração	136

INTEGRAÇÃO E APROFUNDAMENTO

Momentos meditativos	140
Distração digital	142
Pare, respire, continue	144
Visualize e conquiste	146
Fortaleça a mente, solucione problemas	148
Cresça e floresça	150
Meditação e trabalho	152
Meditação para atletas	156
Fale em público com segurança	158
Meditação e criatividade	160
Um novo patamar	162
Respeite a sessão	164
Supere os obstáculos para meditar	166
Melhore sua prática	168
Sessões mais longas: prepare-se	170
Para avançar, retire-se!	174
Uma vida mais plena	176
Conexão com o divino	178
Samadhi	180
Indicações de leitura	182
Bibliografia	185
Índice	186
Agradecimentos	192

PREFÁCIO

Numa época em que estamos sempre "ligados", pode ser bem difícil evitar o estresse e as emoções negativas, manter nossos objetivos ou concentrar-se verdadeiramente no que acontece no momento presente. Pode parecer que a vida está passando por nós sem notarmos, ou que estamos longe de ser a pessoa que gostaríamos de ser. Se isso lhe soa familiar, você chegou ao lugar certo: a meditação pode ajudar a lidar com essas e muitas outras preocupações. Ao decidir ler este livro, você já deu um passo importante rumo a uma vida mais calma e satisfatória.

A meditação tem sido parte essencial da minha vida desde os 14 anos de idade. Eu era agitado, ansioso, irritadiço – precisava muito da meditação, mas não foi por isso que comecei a praticá-la. Procurei a meditação em busca de um significado mais profundo da vida, de autocontrole e de compreender o potencial humano. Fiquei fascinado pelo lado místico e espiritual, li tudo que encontrei a respeito e visitei muitos professores. Esses anos fundamentais de aprendizado estão concentrados no **capítulo 1** desta obra, no qual você começará a descobrir o que é meditação, quais são seus benefícios e o que ela pode fazer por sua vida.

No **capítulo 2** você trará calma imediata para a sua vida ao conhecer e experimentar cinco "minimeditações" que irão ajudar a identificar quais técnicas podem ser melhores para você. Também terá clareza sobre o que esperar da prática meditativa e como evitar as armadilhas mais comuns pelo caminho.

Tenho meditado todo dia nos últimos dezoito anos. Isso transformou radicalmente minha mente e minha visão de mundo, sobretudo como resultado de tomadas de consciência decisivas na minha jornada. Nesses "caminhos sem volta", percebi que muitos pensamentos e padrões emocionais negativos desapareceram quase por completo e sofrimentos psicológicos agora não duram mais que cinco minutos. Nada disso teria acontecido sem uma prática diária bem estabelecida de meditação. Mas o empenho diário não precisa ser desafiador: no **capítulo 3** você descobrirá como começar a meditar de modo viável e recompensador. Aprenderá a transformar a meditação num hábito e a superar obstáculos comuns que o iniciante enfrenta.

Na minha busca intensa por crescimento pessoal e iluminação, experimentei mais de 80 estilos de meditação. A partir desses, selecionei 39 das técnicas tradicionais mais populares e simples, apresentadas no **capítulo 4**, e que você pode praticar em casa com facilidade.

Levei muitos anos, li centenas de livros, refleti durante horas e fiz incontáveis sessões práticas para finalmente juntar todas as peças do quebra-cabeça da meditação. O resultado disso tudo está no **capítulo 5**, no qual você descobrirá como integrar a meditação à sua vida e como usá-la para lidar com desafios diários como emoções negativas, resolução de problemas e melhoria de performance em áreas como trabalho e esporte. Você também vai aprender a elevar sua prática meditativa a um novo patamar.

Este é o livro que eu gostaria que existisse quando iniciei minha jornada, pois ele me teria permitido economizar muito tempo e muita energia. Você pode abri-lo em qualquer página e ter certeza de que aprenderá algo útil e prático. Ou, caso o leia do início ao fim, pode obter conhecimento abrangente sobre tudo o que precisa saber.

Agora é hora de parar por um segundo. Sinta seu corpo, respire fundo, vire a página. Que a sua viagem pela meditação seja transformadora!

Giovanni Dienstmann
Professor de meditação, autor, coach

PARA ENTENDER A MEDITAÇÃO

O QUE É MEDITAÇÃO?

Começando do zero

A meditação foi criada originalmente para superar o sofrimento, encontrar um significado mais profundo da vida e conectar-se com uma realidade superior. Hoje, também é usada para ajudar no crescimento pessoal, melhorar o desempenho, ter saúde e alcançar o bem-estar.

A meditação é um exercício para a mente – um tipo de prática contemplativa. Há diversas modalidades desse exercício, dependendo do estilo de meditação que você pratica, mas, no geral, ele envolve:

- **Relaxamento.** Relaxar o corpo, respirar mais devagar e acalmar a mente.
- **Imobilidade.** Tradicionalmente, meditar envolve ficar imóvel, com o corpo sentado ou deitado. Algumas técnicas, porém, são mais dinâmicas, como a Kinhin (meditação em movimento).
- **Olhar para dentro.** Com os olhos fechados ou abertos, quando medita você atenta para dentro de si, em vez de focar o mundo externo.
- **Consciência.** Na meditação você se torna observador de seu estado mental e emocional e se desliga de pensamentos, sentimentos e distrações.
- **Foco.** A maioria das práticas exige centrar a atenção num único objeto, como a chama de uma vela ou a respiração (concentração); outras concentram a atenção em qualquer coisa que surja na consciência no momento presente (observação).

Por natureza, certas técnicas incorporam um elemento espiritual – seu alvo é ajudar o praticante a experimentar estados alterados de consciência e realidades além do mundo material. No entanto, a maioria das meditações pode ser praticada de forma secular, isto é, você não precisa seguir ou acreditar em qualquer religião ou filosofia específica. É essa abordagem secular que este livro segue.

Paz diária
Meditar desenvolve habilidades valiosas, como relaxamento, foco e consciência, que ajudam a transformar o dia a dia.

"A meditação expande os seus horizontes, mostrando-lhe opções que você nem sabia que existiam."

SUA JORNADA

Acima de tudo, a meditação é um modo de entender, exercitar e explorar a mente. Isso faz dela uma experiência muito pessoal.

Conforme cada capítulo deste livro o conduz por essa viagem de autoexploração, você pode achar útil escrever suas experiências num diário. Você pode usá-lo como um espaço para:

REFLETIR sobre experiências e sentimentos.

REVIGORAR sua prática, consultando seus objetivos quando estiver desmotivado.

RELEMBRAR quão longe já chegou.

Lembre que não existe destino final nessa jornada – à medida que aprende e avança mais ao praticar, você encontra mais oportunidades de crescimento e desenvolvimento pessoal.

DERRUBANDO MITOS

As perguntas e os equívocos mais comuns

Ao começar sua jornada de meditação, é normal que você tenha indagações sobre a prática ou sobre o que é exatamente a meditação em si. Saber um pouco mais sobre o assunto e acabar com alguns mitos difundidos abrirá seu caminho de descobertas.

A MEDITAÇÃO FUNCIONA MESMO?
Meditar é uma prática antiga. Há milênios ela tem ajudado as pessoas a se sentirem mais felizes e em paz e a viverem melhor (pp.16-9). Seus benefícios para a mente e o corpo já foram comprovados pela ciência (pp. 22-7).

A MEDITAÇÃO É UMA RELIGIÃO?
Embora algumas técnicas sejam religiosas por natureza, a meditação em si é um exercício para a mente. Quem opta por seguir técnicas seculares não precisa ter crenças específicas – ou seja, não existe conflito com nenhuma religião nem com o ateísmo.

MEDITAÇÃO É O MESMO QUE ATENÇÃO PLENA?
Depende. A atenção plena (ou mindfullness) pode ter significados diferentes. Por exemplo, a atenção plena pode ser a prática de se concentrar na respiração ou de observar algo que acontece no momento presente. Nesse sentido, sim, é um dos vários tipos de meditação (pp. 82-3). Mas atenção plena também pode se referir às qualidades da consciência, da memória, da atenção. Nesse caso, é apenas uma habilidade empregada em todos os tipos de meditação e que pode ser aplicada em diversas atividades diárias (pp. 140-1).

TAI CHI E IOGA SÃO TIPOS DE MEDITAÇÃO?
Tai chi e ioga são tipos de exercícios mentais e corporais que têm um elemento contemplativo. Embora não sejam exatamente tipos de meditação em si, ajudam a melhorar a prática e podem ser realizados com espírito meditativo (pp. 94-5 e 96-7). Também partilham de benefícios com a meditação, por serem lentos e exigirem atenção.

PRECISO TER A MENTE CALMA PARA MEDITAR?
Não. Assim como não precisa ser musculoso para ir à academia, não é necessário ter um determinado estado mental para conseguir meditar. A meditação ajuda os praticantes a acalmarem a mente.

"Ter mente aberta e curiosa ajuda a aproveitar os benefícios da prática da meditação."

É DIFÍCIL MEDITAR?
O processo da meditação é simples, qualquer um pode segui-lo. O estado de meditação, como define a tradição, é mais difícil de alcançar e só acontece quando a mente está perfeitamente focada num único objeto. Poucas pessoas atingem esse estado regularmente, mas, mesmo sem atingi-lo, é possível usufruir os benefícios de meditar.

PRECISO PARAR DE PENSAR OU ESVAZIAR A MENTE AO MEDITAR?
Você não consegue parar de pensar por um ato de vontade. Em vez disso, na meditação, você foca a mente em uma única coisa, excluindo todas as outras (pp. 74-5). Enquanto sua mente se concentra nessa coisa, o seu pensamento é redirecionado e a sua mente se torna silenciosa e calma. Mas podem ser necessários anos de prática para alcançar esse estado, portanto não se preocupe com isso no começo.

MEDITAR SEMPRE TEM A VER COM RELAXAR E VIVER NO MOMENTO PRESENTE?
Relaxamento e consciência do presente são cruciais à meditação – sem eles não se consegue meditar plenamente –, mas esses são apenas os primeiros passos. Dependendo da técnica, a meditação também usa a mente de modos diferentes para desenvolver atenção, foco, introspecção e insight. A meditação começa com relaxamento, mas na verdade é um exercício para ajudar a entender melhor a mente, controlá-la e expandi-la.

EXISTE UM JEITO CERTO OU ERRADO DE MEDITAR?
Assim como há jeitos certos e errados de se exercitar ou se alimentar, existem técnicas específicas que precisam ser seguidas na meditação – e elas levam a experiências e estágios específicos. Sem orientação adequada, é possível até relaxar ao meditar, mas não se progride muito além desse ponto.

CONTINUAÇÃO ▶

RELAXAR PROFUNDAMENTE NA MEDITAÇÃO É COMO DORMIR?
No sono profundo a inconsciência é total, ao passo que a meditação é um estado de consciência elevado. Meditar também ajuda a relaxar de modo consciente e desenvolver o foco, enquanto dormir apenas faz descansar.

É AUTOINDULGÊNCIA PASSAR TEMPO MEDITANDO?
Não. Como dormir e comer, meditar é essencial para manter-se saudável, em equilíbrio. Só quando está bem, alguém pode servir verdadeiramente aos outros e engajar-se em atividades altruístas de modo eficaz, sem se estressar. O estado mental positivo alcançado via meditação vai beneficiar as pessoas à sua volta.

A MEDITAÇÃO É UM JEITO DE FUGIR DA VIDA?
Ao contrário: distrair-se é um jeito de fugir da vida. Meditar afasta o praticante da distração e o coloca frente a frente consigo mesmo. Meditar também nos ensina a chegar a um estado mais profundo que todos os problemas. Embora muita gente use a meditação como estratégia de fuga, não é isso que ela ensina.

MEDITAR VAI ME DEIXAR LENTO, APÁTICO, PASSIVO?
Não, mas sua atitude em relação à meditação e às filosofias que a cercam vai afetar você. Meditar oferece tranquilidade e lhe proporciona mais calma e clareza. Você se tornará menos inquieto e menos dominado por suas emoções. Isso pode fazer você parecer diferente para os outros, mas na verdade as capacidades desenvolvidas pela meditação melhoram a habilidade de agir de forma inteligente e eficaz.

PRECISO ACENDER INCENSOS, ENTOAR "OM" E USAR ROUPAS ESPECIAIS?
Não. Algumas pessoas acham útil criar certos rituais ao meditar, para ajudá-las a se conectar com o elemento terra e focar a mente (pp. 164-5), mas isso não é essencial para o processo de meditação em si.

PRECISO SENTAR DE ALGUM JEITO ESPECÍFICO PARA MEDITAR?
Posturas sentadas específicas são recomendadas na maioria das técnicas de meditação, pois podem ter um efeito poderoso sobre o estado mental. Dentre diversas variações, você pode escolher a mais adequada para as suas necessidades (pp. 66-9).

TENHO DE FECHAR OS OLHOS PARA MEDITAR?
Nem sempre. Fechar os olhos ajuda a focar a atenção para dentro, mas algumas técnicas de meditação, como a zazen (pp. 84-5) e a trátaka (pp. 102-3), são feitas com os olhos abertos, com a vantagem de ajudar a ficar mais presente e alerta.

COMO ESCOLHER UMA TÉCNICA DE MEDITAÇÃO?
Não existe um estilo de meditação que seja superior a todos os outros. Abordagens diferentes funcionam para pessoas diferentes – basta experimentar técnicas diversas e ponderar qual você considera melhor. Depende também do que quer obter com a prática (pp. 80-1), então primeiro é bom saber com clareza o que você busca na meditação. Considere que, conforme suas necessidades e objetivos mudarem ao longo da vida, você pode se beneficiar de técnicas diferentes em épocas diferentes.

POR QUANTO TEMPO DEVO MEDITAR?

Depende dos benefícios almejados e do interesse despertado pela prática, mas geralmente é melhor começar meditando pouco tempo. Não superestime a sua motivação na hora de meditar; vá aumentando aos poucos a duração da sessão, conforme sentir necessidade (pp. 58-61).

COM QUE FREQUÊNCIA DEVO MEDITAR?

Para obter o melhor da meditação, você precisa praticar todo dia, de preferência no mesmo horário e local (pp. 58-61). Você também pode introduzir a meditação e atividades meditativas no cotidiano (pp. 140-1).

PRECISO DE UM PROFESSOR DE MEDITAÇÃO?

Você não precisa de um professor para começar a meditar, especialmente se o que busca são benefícios para a saúde e o bem-estar. Mas, conforme se aprofunda na técnica, talvez precise de orientação. Um professor pode ajudá-lo a melhorar sua prática, a superar obstáculos (pp. 166-7) e a consolidar melhor a meditação na sua vida (pp. 140-1).

"A melhor mentalidade para praticar meditação é a que evita julgamentos e tem curiosidade, paciência e perseverança."

MENTE QUESTIONADORA

Ter mente aberta e questionadora é parte importante da meditação. Por exemplo:

CONSCIÊNCIA. Meditar o convida a se perguntar como o corpo está se sentindo, em que estado está a mente, quais dos pensamentos e ações costumam ser automáticos. Isso cria maior consciência, habilidade crucial na meditação.

QUESTÕES SÉRIAS. Meditar nos encoraja a fazer perguntas difíceis, como "Quem sou eu?" e "Qual o sentido da vida?".

IR MAIS FUNDO. Unindo curiosidade à prática – pesquisando sobre o assunto ou fazendo perguntas a um professor –, você se conectará mais profundamente com a meditação.

LINHAS DE MEDITAÇÃO

Uma linha do tempo

A meditação se desenvolveu ao longo de muitos séculos em diversas tradições filosóficas, adaptando-se às diferentes e mutáveis necessidades de seus praticantes. Essa linha do tempo mostra as datas-chave desse desenvolvimento de acordo com as principais tradições.

IOGA
c. 1500 a.C.

A mais antiga evidência escrita sobre a meditação aparece em antigos textos hindus conhecidos como *Vedas*, ligados à tradição iogue. Essa segue viva e próspera, com centenas de linhas e escolas derivadas, incluindo a ioga moderna (hatha ioga), que enfatiza posturas (ássanas) e exercícios respiratórios.

TAOISMO
600-500 a.C.

O sábio chinês Lao Tsé estabelece o taoismo na China. Essa doutrina procura afastar o superficial, estar em harmonia com a natureza (*Tao*), cultivar a energia (*qi*), equilibrar o yin e o yang e alcançar a imortalidade. Os taoistas desenvolvem muitas práticas meditativas há séculos, entre elas o tai chi, hoje popularizado em formas simplificadas. Há técnicas mais esotéricas, porém ainda desconhecidas fora dos círculos taoistas.

5000 a.C.   3000 a.C.   1500 a.C.   600 a.C.

IOGA
c. 5000-3500 a.C.

Pinturas em paredes mostrando pessoas sentadas em posturas meditativas, com os olhos semifechados, surgem no vale do Indo, no sul da Ásia. Essa é uma das primeiras evidências da meditação ligada à tradição hindu, que inclui tanto os iogues, que meditavam em cavernas, quanto os sábios da cultura védica.

JAINISMO E CONFUCIONISMO
600-400 a.C.

O jainismo, que foca a não violência e a abnegação, é fundado na Índia por Mahavira. O confucionismo, filosofia centrada na sociedade, é fundado na China por Confúcio. Ambos desenvolvem métodos meditativos, como o preksha dhyana (iluminação da alma) e o jingzuo (sentar-se em silêncio). Embora ainda existam, não são tão difundidos quanto o budismo ou a ioga.

BUDISMO
600-500 a.C.
Siddharta Gautama, mais conhecido como Buda, deixa sua vida de privilégios para buscar a iluminação, e acredita-se que tenha aprendido a meditar com os iogues. Mais tarde, diverge da tradição e cria seu próprio método para superar o sofrimento e se aproximar da iluminação. Então surge o budismo. Alguns estilos budistas de meditação, como vipassana, samatha e bondade amorosa, estão entre os mais praticados hoje no Ocidente.

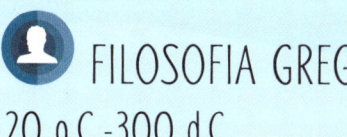 ## FILOSOFIA GREGA
20 a.C.-300 d.C.
Os filósofos Filos de Alexandria e Plotino desenvolvem técnicas de meditação envolvendo concentração, mas elas não são adotadas pela cristandade antiga. A influência do pensamento e das tradições contemplativas orientais sobre o Ocidente termina quando o cristianismo chega à Europa.

500 a.C.   400 a.C.   200 a.C.   20 a.C.

 ## BUDISMO
500-200 a.C.
O budismo se espalha por toda a Ásia e dá origem a diferentes técnicas.

 ## FILOSOFIA GREGA
327-325 a.C.
Acredita-se que as campanhas militares de Alexandre, o Grande, na Índia colocaram os sábios e os iogues hindus em contato com os filósofos gregos. Estes criam seus próprios métodos de meditação, como a observação do próprio umbigo (*omphaloskepsis*).

CONTINUA ▶

CONTINUAÇÃO ▶

 ## ZEN-BUDISMO
c. 527

Acredita-se que o monge budista Bodhidharma viajou da Índia à China para ensinar meditação. Lá ele funda a escola do zen-budismo. Seus ensinamentos criam a linha chan na China e mais tarde originam as linhas seon (Coreia), thien (Vietnã) e zen (Japão). Todas elas praticam variações do zazen, até hoje amplamente em uso.

MISTICISMO CRISTÃO
500-600

A prática da *lectio divina*, a leitura meditativa da Bíblia, é instituída na Regra de São Bento e bastante praticada pelos monges beneditinos.

 ## MISTICISMO CRISTÃO
900-1300

A oração de Jesus surge na Grécia, na tradição cristã hesicasta. Acredita-se que esse grupo cristão foi influenciado por sufistas ou indianos.

300   500   600   900   1200

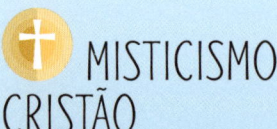 ## MISTICISMO CRISTÃO
c. 300

Místicos cristãos desenvolvem sua própria maneira de meditar, com base na repetição de uma palavra ou frase religiosa e na contemplação silenciosa de Deus.

 ## SUFISMO
c. século VII

Acredita-se que o sufismo, ramo místico do islamismo, surgiu no período inicial do islã. Os sufis desenvolvem práticas baseadas na respiração, nos mantras e na contemplação, por influência das tradições contemplativas indianas. O objetivo da prática é se conectar com Deus (Alá). A dança ritual sufi (*sema*) é uma técnica de meditação dinâmica praticada na Turquia até hoje.

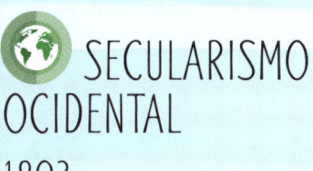
SECULARISMO OCIDENTAL
1893
O missionário hindu Swami Vivekananda participa do Parlamento Mundial de Religiões em Chicago, e sua palestra desperta no Ocidente grande interesse pela ioga e pela meditação.

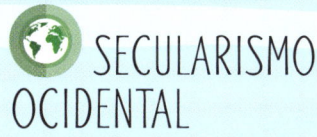
SECULARISMO OCIDENTAL
século XX
Vários professores espiritualistas migram para os EUA, incluindo Paramahansa Yogananda, Maharishi Mahesh Yogi e Swami Rama, da Índia, e representantes de diferentes linhas do budismo. A meditação começa a ser ensinada de modo ocidentalizado, bastante simplificado e sem qualquer contexto espiritual.

SIQUISMO
século XV
O guru Nanak funda o siquismo na Índia. Meditações siques, como a kirtan, buscam sentir a presença de Deus. A tradição ainda é mantida entre a comunidade sique na Índia.

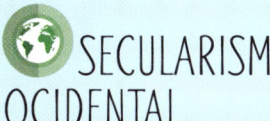
SECULARISMO OCIDENTAL
séculos XVIII e XIX
Diversos textos de filosofia oriental são traduzidos para línguas europeias, incluindo os *Upanishads* e o *Bhagavad Gita*. O estudo do budismo no Ocidente vira assunto entre intelectuais.

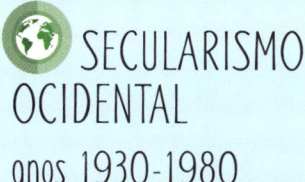
SECULARISMO OCIDENTAL
anos 1930-1980
Começam a surgir pesquisas científicas sobre a meditação, que se afasta cada vez mais das origens espirituais. Conforme aumentam os estudos sobre a meditação, sua qualidade melhora.

1300　1400　1700　1800　1900　1930　1980　HOJE

CABALA JUDAICA
século XIII
A tradição mística judaica da cabala, originalmente oral, é reunida num livro chamado *Zohar*. Muitos contemplativos desenvolvem técnicas de meditação nessa tradição. Elas se baseiam na contemplação profunda de princípios filosóficos, dos nomes de Deus e da Árvore da Vida.

HOJE
A meditação tornou-se corrente e largamente secularizada. Seus comprovados benefícios ao corpo, à mente e ao bem-estar das pessoas são as razões principais dessa contínua popularidade.

VÉDICAS

Meditações abstratas que servem para contemplar quem realmente somos e nos libertar de apegos.

NETI. Rejeita qualquer identificação e apego, focando a consciência pura (pp. 116-7).
AUTOINVESTIGAÇÃO. Para encontrar sua identidade real além de todos os conceitos, por meio da pergunta "Quem sou eu?" (pp. 124-5).
OBSERVAÇÃO. Foca o puro senso do "Eu sou" e o fato de que você é o observador consciente de todo pensamento e de toda sensação.

TAOISTAS

Práticas que usam o corpo, a respiração e a visualização para esvaziar o Eu e entrar em harmonia com o Tao.

TAI CHI. Movimentos meditativos lentos (pp. 96-7).
NEIGUAN. Visualização interna do corpo (pp. 98-9).
ZUOWANG (MEDITAÇÃO DO VAZIO). Deixa todos os pensamentos irem embora para "esquecer tudo". Similar à dzogchen (pp.126-7).
QIGONG. Exercícios respiratórios com movimentos corporais lentos e sincronizados.

SUFISTAS

Tipos espirituais de meditação dos místicos islâmicos que têm como objetivo principal a comunhão com Deus.

MEDITAÇÃO SUFI DO CORAÇÃO. Foco no coração para ouvir suas batidas, ou repetição de mantras e pensamento em Deus (pp. 136-7).
ZIKR. Contemplação de Deus (Alá) por meio da repetição de seu nome sagrado, como na meditação do mantra, também chamada muraqaba.
MEDITAÇÃO DO LAÇO AMOROSO. Tem como foco o mestre espiritual.
DANÇA RITUAL SUFI (SEMA). Usa música e rodopios do corpo para alcançar estados extáticos de união com o Amado.

UM OLHAR MAIS DETALHADO

Tipos de meditação

A prática da meditação remonta a milhares de anos e abrange muitas culturas e tradições (pp. 16-9), cada qual com diversas técnicas. Mostramos aqui as práticas mais importantes de meditação das principais linhas ainda em voga. Algumas, como visualização, meditação do terceiro olho, meditação abstrata, expansão da consciência e ássanas da ioga, são comuns a mais de uma linha ou contêm apenas alguns elementos dela, por isso não foram incluídas aqui.

BUDISTAS E ZEN

Amplo leque de práticas de meditação que usam concentração, observação e consciência pura.

ATENÇÃO PLENA E VIPASSANA. Observam a experiência do momento presente conforme ele se apresenta, sem foco e apego a nada (pp. 82-3 e 86-7).
ZAZEN. Concentra-se na respiração e no ato de ficar sentado (pp. 84-5).
KINHIN (MEDITAÇÃO ZEN EM MOVIMENTO). Caminhar devagar focando a respiração ou as sensações nos pés (pp. 90-1).
NOMEAÇÃO DOS PENSAMENTOS. Nomear cada pensamento, sentimento e percepção que surge (pp. 112-3).
MEDITAÇÃO DA BONDADE AMOROSA. Criar e alimentar o amor por si mesmo e pelos outros (pp. 134-5).
SAMATHA. Concentrar-se na respiração por meio de contagem ou pela sensação de respirar.
KOAN. Ir além da mente conceitual usando enigmas zen.
DZOGCHEN. Meditação do tipo "faça nada", na qual a atenção não foca nem observa nada.

IOGUES

Variedade de práticas baseadas na concentração e que envolvem emoções e visão, audição, mente e energia.

PRANAYAMA. Técnicas de respiração controlada que alteram o estado do corpo e da mente, como a pranayama da abelha (pp. 88-9).
IOGA NIDRA. Praticada em posição deitada. Envolve o relaxamento de todos os músculos, visualizações e o cultivo de uma resolução ou afirmação na mente subconsciente (pp. 92-3).
KUNDALINI. Foca a mente nos centros de energia do corpo (chacras). Pode incluir visualizações e repetição de mantras (pp. 100-1).
TRÁTAKA. Meditação com os olhos abertos, geralmente fixos na chama de uma vela, num ponto na parede ou numa imagem (pp. 102-3).
MEDITAÇÃO COM MANDALA. Usa imagens geométricas como objeto de concentração (pp. 106-7).
MANTRA. Repetição, em silêncio ou voz alta, de uma palavra ou frase (pp. 110-1).
SILÊNCIO INTERIOR (ANTAR MOUNA). Observa a mente e os sentidos, criando e descartando pensamentos, até alcançar um silêncio interior além de qualquer pensamento (pp. 114-5).
MEDITAÇÕES TÂNTRICAS, INCLUINDO A SEM CABEÇA. Usa visualização, imaginação, mantras e símbolos sagrados para purificar a mente e expandir a consciência (pp. 120-1 e 128-133).

"A melhor técnica é a que funciona para você no momento atual de sua vida."

APERFEIÇOE CAPACIDADES

Meditação para a mente

Ao meditar, aprimoramos faculdades mentais como atenção, consciência e força de vontade. As pessoas já reconhecem há tempos os benefícios psicológicos da meditação, mas pesquisas recentes mostram como de fato ela funciona.

Suponha que você comece com o intuito de focar sua atenção na respiração pelo maior tempo possível. Esse é um exercício de atenção e força de vontade. Segundos mais tarde, você percebe que se distraiu e está agora pensando no que vai comer no almoço. O fato de percebê-lo é um exercício de autoconsciência e atenção plena.

Então você desvia a atenção do pensamento e volta a focar sua respiração. Esse é um exercício de flexibilidade mental (desapego), autocontrole, foco e força de vontade. Sua mente está sendo treinada para ser mais fluida, evitar cogitações incessantes e ficar sob o seu controle consciente.

Com o tempo e a prática contínua, essas habilidades ficam cada vez mais fortes. Numa era de tecnologia e distração, esses são superpoderes.

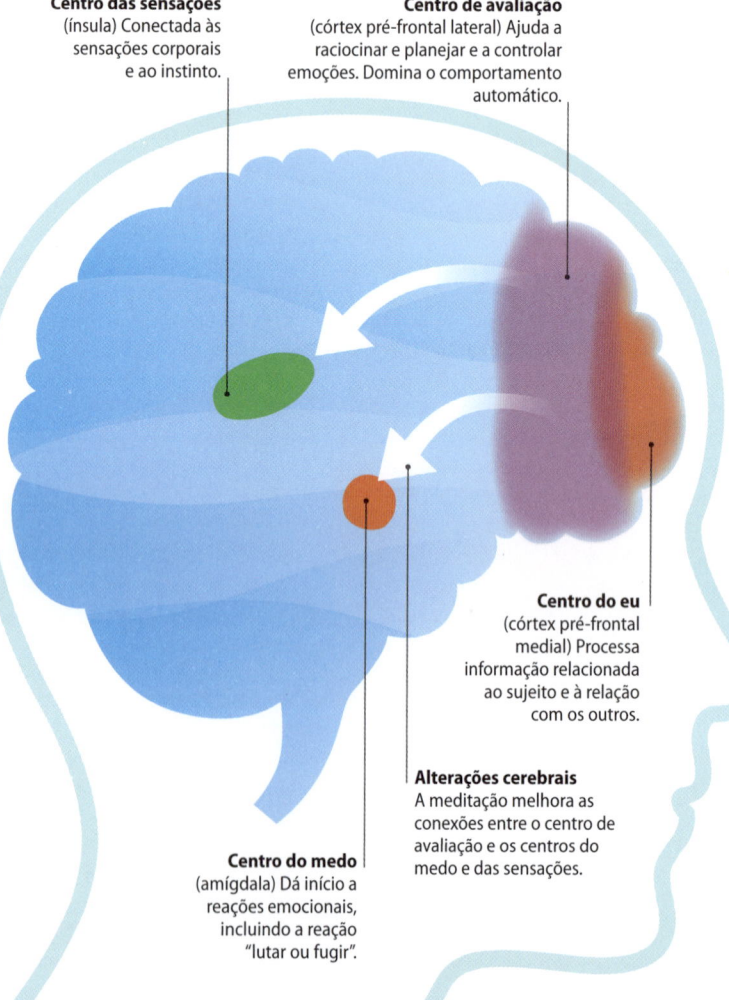

Centro das sensações
(ínsula) Conectada às sensações corporais e ao instinto.

Centro de avaliação
(córtex pré-frontal lateral) Ajuda a raciocinar e planejar e a controlar emoções. Domina o comportamento automático.

Centro do eu
(córtex pré-frontal medial) Processa informação relacionada ao sujeito e à relação com os outros.

Alterações cerebrais
A meditação melhora as conexões entre o centro de avaliação e os centros do medo e das sensações.

Centro do medo
(amígdala) Dá início a reações emocionais, incluindo a reação "lutar ou fugir".

Reconectando o cérebro
No cérebro de quem não medita há conexões fortes entre o centro do eu e os centros do medo e das sensações. A meditação enfraquece essas conexões e fortalece os caminhos relacionados ao centro de avaliação. O resultado é a redução da ansiedade e uma resposta mais equilibrada às ameaças.

BENEFÍCIOS PARA O CÉREBRO

Pesquisas comprovaram que a meditação tem efeitos positivos sobre o cérebro. Quanto mais se medita, mais fortes se tornam as alterações cerebrais – e, por essa razão, é importante praticar a meditação com regularidade. Isso maximiza os benefícios e impede que o cérebro volte ao modo anterior de funcionamento.

FOCO MELHOR

Um estudo americano de 2010 descobriu que as habilidades cognitivas dos participantes, incluindo a capacidade de manter a atenção e realizar tarefas sob estresse, melhorou após 20 minutos diários de meditação ao longo de quatro dias. A meditação também incrementou o processamento visual-espacial, a memória operacional e o funcionamento executivo.

MAIS CRIATIVIDADE

Estudo de 2012 da Universidade de Leiden (Holanda) avaliou a criatividade e o pensamento "fora da caixa" dos participantes, pedindo a eles que listassem usos alternativos para objetos domésticos comuns. Resultado: os indivíduos se saíram melhor após participação em técnicas de meditação monitorada dos tipos atenção plena e vipassana.

MELHOR APRENDIZADO E MEMÓRIA

Depois de um treinamento de atenção plena de oito semanas, os participantes de um estudo de 2011 em Harvard (EUA) apresentaram aumento de massa cinzenta na região cerebral envolvida nos processos de aprendizado e memorização. Também tiveram aumento nas áreas que analisam diferentes pontos de vista.

CONSCIÊNCIA DA MENTE INCONSCIENTE

Pessoas que praticam a meditação de atenção plena são mais conscientes de suas intenções do que as que não meditam, segundo pesquisa da Universidade de Sussex (Inglaterra) publicada em 2016. Também é mais difícil hipnotizar quem faz meditação.

MENOR NECESSIDADE DE DORMIR

Estudo de 2010 da Universidade de Kentucky (EUA) comparou quanto tempo dormiam pessoas (de mesma idade e gênero) que meditam e que não meditam. Resultados mostraram que praticantes experientes precisavam de menos horas de sono.

PROCESSAMENTO MAIS VELOZ

Pesquisas feitas em 2012 no Laboratório de Neuroimagem da Universidade da Califórnia, em Los Angeles, descobriram que quem medita há bastante tempo tem um córtex mais "giroscópico", que lhe permite processar informações e tomar decisões mais rapidamente do que os não praticantes.

ALCANCE O BEM-ESTAR EMOCIONAL

Meditação para o coração

Ao melhorar a capacidade de consciência, atenção e desapego, e com vários benefícios para a saúde física e mental, a meditação pode aumentar o bem-estar psicológico e emocional, fundamentando uma vida mais feliz e equilibrada.

Imagine que você está andando na rua, leva um tranco de alguém e é dominado pela irritação. Esse sentimento estressa seu corpo e sua mente. De certa forma, isso é um sofrimento autoinfligido.

Sem práticas meditativas, a irritação pode durar horas. Mas, com as habilidades de atenção, consciência e desapego aprendidas via meditação, você pode deixar rapidamente de lado o sentimento negativo. Mesmo enquanto ele estiver presente, não ocupará toda a sua consciência. Algumas técnicas, como a meditação da bondade amorosa (pp. 134-5), também podem ensinar a cultivar intencionalmente emoções positivas. O resultado é que você se torna capaz de gastar menos tempo e energia com as emoções negativas e mais tempo com as positivas.

"Emoções negativas deixam de ser tão intensas e exaustivas."

Ame-se
Com seus muitos benefícios, a meditação é um modo de cuidar de si mesmo.

BENEFÍCIOS PARA O BEM-ESTAR

Pesquisas mostram que a meditação tem efeitos vantajosos sobre o bem-estar. Muitos estudos na área focam a técnica da bondade amorosa, mas benefícios como diminuição da depressão e da ansiedade também podem derivar de outras modalidades.

DIMINUIÇÃO DA DEPRESSÃO

Um estudo internacional de 2014 descobriu que a meditação de atenção plena reduzia sintomas de depressão em adolescentes quando comparados com os do grupo controle. Isso também ocorreu depois de seis meses de prática de atenção plena, sugerindo que ela pode, igualmente, ajudar a prevenir o surgimento de sintomas da depressão.

REGULAÇÃO DA ANSIEDADE E DOS DISTÚRBIOS DE HUMOR

Em 2006, um estudo randomizado controlado com vinte testes indicou que a prática da meditação tem efeito positivo sobre distúrbios de humor e ansiedade. Uma metanálise norte-americana publicada em 2012 demonstrou que técnicas de meditação reduziram sintomas de ansiedade.

REFORÇO DA INTELIGÊNCIA EMOCIONAL E DA RESILIÊNCIA

Controlar a atenção durante a meditação fortalece a resiliência e a inteligência emocional, segundo o psicoterapeuta Ron Alexander. Pesquisa de 2008 sugere que a meditação da bondade amorosa melhora a resiliência diante de mudanças e adversidades.

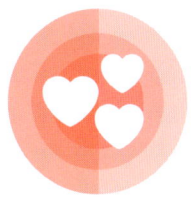

AUMENTO DA EMPATIA

Praticar uma meditação baseada na compaixão, como a da bondade amorosa, otimiza a habilidade de ler as expressões faciais de outras pessoas, segundo estudo publicado em 2013 nos EUA. A pesquisa também descobriu que os praticantes tinham atividade neural aumentada nas áreas cerebrais ligadas à empatia.

MELHORA DA AUTOCONSCIÊNCIA E DO AUTOCONTROLE

Estudo americano de 2011 mostrou que oito semanas de meditação de atenção plena aumentaram a concentração de massa cinzenta em áreas do cérebro ligadas ao controle de emoções, ao processamento autorreferencial e à capacidade de análise.

FAVORECIMENTO DE EMOÇÕES POSITIVAS E CONEXÕES HUMANAS

A meditação da bondade amorosa reforçou emoções positivas entre os participantes de um estudo americano de 2008. Isso fortaleceu neles recursos pessoais como propósito de vida e apoio social. Outro estudo de 2012 mostrou que a atenção plena diminui sentimentos de solidão em idosos.

MEDITAR DEIXA O CORPO ZEN

Meditação e estresse

O estresse é parte normal e necessária da vida, mas em excesso pode ter impacto desastroso sobre o corpo. Graças a suas ferramentas para driblar o estresse físico e mental, a meditação nos ajuda a ter uma vida mais saudável.

Não importa a causa, o estresse – a sensação de que você é incapaz de lidar com adversidades – pode contribuir para vários problemas de saúde, desde perturbar o sistema digestivo e o sono até encorajar hábitos nocivos como ingerir bebidas alcoólicas em excesso e se alimentar mal. De fato, estima-se que a maioria das consultas médicas está relacionada ao estresse. Ao melhorar as habilidades de concentração, consciência e relaxamento, bem como a capacidade de escolher o que focar e controlar as emoções (p. 144), a meditação prepara os praticantes para lidar com o estresse diário e pavimentar o caminho para uma vida física e mental mais saudável. Também reduz os níveis de cortisol, o hormônio do estresse, liberado como parte da resposta "lutar ou fugir". Se a resposta de relaxamento do corpo for impedida antes da próxima situação de estresse, o nível de cortisol continua alto e pode gerar um estado de estresse crônico, que tem efeitos negativos sobre o corpo. Felizmente, a meditação é capaz de quebrar esse ciclo (abaixo).

CICLO DO ESTRESSE

Estresse crônico
eleva o nível do hormônio cortisol.

Alto nível de cortisol afeta o funcionamento do hipocampo e prejudica a atenção, a percepção, a memória e o aprendizado.

Baixa performance
gera mais estresse e provoca sono de baixa qualidade e estresse emocional, o que aumenta o nível de cortisol.

MEDITAÇÃO

Todos os tipos de meditação ajudam a criar um estado de relaxamento físico e mental, que baixa o nível de cortisol e permite o funcionamento normal do hipocampo.

Quebra do ciclo do estresse
Meditar com regularidade ajuda a romper o ciclo do estresse crônico para que o desempenho seja sempre o melhor.

ANTIESTRESSE

A ciência já provou que, além de melhorar as habilidades para lidar com o estresse diário, a meditação reduz alguns dos sintomas fisiológicos e psicológicos desse quadro.

DIMINUI A REAÇÃO AO ESTRESSE

A atenção plena é especialmente boa para diminuir a reação ao estresse, segundo uma pesquisa britânica com metanálise sobre meditação feita em 2015. Como resultado, o estresse pode ser vivenciado com menos intensidade.

RETARDA O ENVELHECIMENTO

O encurtamento dos telômeros – que impedem que o DNA se desenrole – está ligado ao envelhecimento celular. Ao reduzir o estresse, alguns tipos de meditação, como a atenção plena, têm ação benéfica sobre o comprimento do telômero, segundo um estudo americano publicado em 2009.

AUMENTA A IMUNIDADE

O estresse pode enfraquecer o sistema imunológico, mas a meditação é capaz de combater esse efeito. Um estudo americano de 2003 comparou a resposta do sistema imunológico de praticantes e não praticantes a uma vacina antigripal e descobriu que os primeiros têm maior imunidade.

REDUZ OS SINTOMAS DE ESTRESSE PSICOLÓGICO

Uma metanálise americana de 2014 mostrou que a meditação de atenção plena diminui elementos de estresse, como ansiedade e dor. Outra descobriu que, quanto maior o nível de ansiedade relatado pelos participantes, maior o impacto da meditação.

REDUZ A PRESSÃO ARTERIAL

Pressão arterial alta é um dos efeitos ruins do estresse, e um estudo americano feito entre 1998 e 2007 descobriu que ela baixava nos praticantes de meditação. Quem meditava também corria risco menor de acidentes cardiovasculares como ataques cardíacos.

ACALMA

Incluir a meditação no dia a dia ajuda a acalmar. Como parte de um estudo alemão publicado em 2012, participantes de 18 a 65 anos de idade que tinham alto nível de estresse entraram num programa de caminhadas baseado na atenção plena. A maioria relatou se sentir mais calma após quatro semanas.

A PRÁTICA DA ESPIRITUALIDADE

Meditação para a alma

O propósito original da meditação era a espiritualidade, cujos benefícios, como os mostrados aqui, podem ser significativos. Demoram mais para ser notados que os benefícios físicos e o bem-estar, mas satisfazem uma necessidade bem mais profunda.

"A paz é fundamental para a felicidade existencial."

PURIFICAÇÃO DE MENTE E CORAÇÃO

Ao iluminar a mente inconsciente, a meditação permite se libertar da escuridão interior.

A MEDITAÇÃO NOS FAZ ENFRENTAR MEDOS, sombras, nós mesmos. Ela traz à luz tudo que há dentro de nós, como lembranças reprimidas, padrões emocionais negativos e sentimentos sufocados. Na meditação somos observadores desse material psicológico, enquanto mantemos a mente calma e refreamos autojulgamentos e interpretações. Aos poucos, pensamentos e sensações são liberados ou integrados à mente consciente e à personalidade.

SABEDORIA, INSIGHT E ILUMINAÇÃO

Dependendo de como se pratica a meditação, ela pode levar ao estudo das verdades mais profundas da vida.

TRADICIONALMENTE, A MEDITAÇÃO é vista como um modo de afastar as ilusões e revelar a verdadeira natureza da realidade, como nas abordagens budistas e taoistas, ou a identidade como um eu imortal, segundo as abordagens iogues e védicas. O resultado é um esclarecimento do seu próprio "eu" e uma melhor compreensão da vida. Com o desenvolvimento da autoconsciência, é possível alcançar o despertar espiritual ou a iluminação e transcender o sofrimento.

CONEXÃO COM A "FONTE"

Para alguns, meditar é se unir a um poder ou uma realidade superior – veja o que isso significa para você.

MEDITAR É FAZER UMA PAUSA NA VIDA e não interagir com o mundo exterior. Para alguns, trata-se de um momento de conexão com uma realidade ou um poder superior. Isso pode nos ajudar a experimentar uma sensação de união com outras pessoas e com a vida em geral, o que alivia a dor de ser um indivíduo isolado e nos leva para além dos limites do ego. Outras formas de conexão espiritual, como rezar, cantar, contemplar ou servir com abnegação, são reforçadas pela meditação.

Um símbolo antigo
Reverenciada em muitas culturas, a flor de lótus representa pureza e iluminação.

ALEGRIA E PAZ INABALÁVEL

Quando tiver a primeira percepção dos benefícios de meditar, você começará a sentir que tudo estará sempre bem.

VOCÊ PASSARÁ A PERCEBER que, não importa o quanto as coisas deem errado, sempre conseguirá acessar, por meio da meditação, um templo interior de tranquilidade. Essa se torna a base do contentamento consigo mesmo e com a vida e para a felicidade sem uma razão particular. Ficar feliz por uma razão específica é perigoso, pois a situação pode mudar. Mas se você fica feliz sem motivo, se a felicidade é parte do seu ser, ninguém pode tirá-la de você.

SENSO DE PROPÓSITO E SIGNIFICADO

Praticada num contexto espiritual, a meditação é sempre parte de uma jornada ou de um plano maior.

SE USARMOS A MEDITAÇÃO para expandir o potencial humano, ligar-se a Deus ou chegar à iluminação, o resultado é um só: ela dá propósito e significado à existência. Ao tentar se unir a um poder maior e tomar decisões que ajudem o crescimento espiritual, já não nos sentimos tão perdidos. Sabe-se que perguntas como "Para que serve a vida?" raramente têm resposta e que a vida material, mesmo que bem-sucedida, nem sempre satisfaz os anseios mais profundos.

AUMENTO DA INTUIÇÃO

A meditação ajuda a dar uma folga à mente pensante para se conectar a algo mais poderoso.

MUITA GENTE PASSA PELA EXPERIÊNCIA de saber algo sem ter tido qualquer meio aparente de adquirir tal saber. Na forma de um estalo vindo do nada ou de um frio na barriga, a intuição pode permitir evitar um perigo, entender a verdadeira motivação das pessoas e tomar decisões difíceis. Meditar ajuda a desenvolver a intuição ao interromper o trabalho da mente analítica. Todas as técnicas servem para isso, mas algumas, como a trátaka (pp. 102-3), parecem ser mais eficazes.

A MENTE CALMA

Baixando o volume

Temos, em média, 50 mil pensamentos por dia, e a maioria deles nos assalta repetidamente. A consciência é o primeiro passo para silenciar esse caos mental.

Imagine que você acorda de manhã, vai ao banheiro e se olha no espelho. É bem provável que sua mente comece a resmungar, enchendo-se de pensamentos aleatórios, sem se preocupar se você quer que isso aconteça ou não. Soa familiar? Pois esse é o modo predefinido como a mente trabalha.

PENSAMENTO CONSCIENTE
A mente não faz nada além de pensar. E não há nada que você possa fazer quanto a isso. Mas, com a meditação, você pode acalmar os ruídos que ela produz. Em vez de se perder na sua tagarelice mental, imagine-se outra vez no banheiro. Agora, porém, você lava o rosto enquanto presta atenção na sensação refrescante da água em sua pele, escova os dentes com foco no formato de cada um deles e, assim, começa o dia com mais calma e clareza. Você percebe quando os pensamentos ou monólogos começam a chegar à superfície e pode simplesmente decidir notá-los e deixá-los ir embora ou então lidar com eles, mas com propósito e consciência. É assim que funciona a atenção plena.

"... emprego chato..."

"... encontro com o John, hoje..."

"... preciso dormir mais..."

"... estou horrível..."

"... parece que vai ser um dia legal..."

".... vou atrasar..."

Deixe ir embora
Mais consciente, você pode focar os pensamentos positivos e deixar os negativos partirem, ou estar mais presente no aqui e agora.

TORNAR-SE CONSCIENTE

O primeiro passo para aquietar o ruído na mente é desenvolver o hábito de observar os pensamentos – uma habilidade que você vai fortalecer por meio da meditação colocando-se na posição de observador dos seus estados mental e emocional. Mais consciente, você conseguirá distinguir os pensamentos positivos dos negativos e inúteis e decidir deixá-los se dissipar – assim como deixa partir as distrações quando está meditando. Em consequência, seus pensamentos não irão mais assaltá-lo, como fazem normalmente, e sua mente ficará tranquila. Isso lhe dará espaço para escolher onde focar a atenção: seja no que está fazendo no momento presente, seja num pensamento que mereça atenção – por exemplo, quais passos são necessários para alcançar seus objetivos.

"Consciência é a chave para encontrar calma e paz na mente."

VOCÊ PODE ESCOLHER!

Dominando o fluxo

Seus pensamentos são sempre verdadeiros? São mesmo seus? Tendemos a acreditar nos nossos pensamentos sem questioná-los, mas se dermos ouvidos a eles, podemos nos tornar suas vítimas. A meditação ensina que tudo depende de onde focamos a atenção.

Se os seus pensamentos dizem "você não merece amor" ou "jamais será alguém na vida", há boas chances de que você acredite nisso, sinta isso e aja de acordo com isso. Mas muitos dos seus pensamentos são falsos ou, no mínimo, inúteis. São resultado de suas memórias, condicionamentos passados, medos e mensagens que podem ter sido captadas de outras pessoas. Mesmo que suspeite que eles nem sempre sejam verdadeiros, talvez você se sinta incapaz de mudar essa dinâmica.

Em vez disso, encare o fluxo de pensamentos como o *feed* de notícias, ou a sequência de postagens, de uma rede social. Ao longo da vida, você foi "seguindo" coisas diferentes sem se dar conta. Agora, centenas de mensagens pipocam no seu feed e você não faz ideia de quem as está enviando. Algumas são verdadeiras e interessantes, mas a maioria é deprimente, inútil ou notícia falsa.

O PODER DA ATENÇÃO

Sejam bons ou maus, úteis ou inúteis, esses pensamentos são alimentados pela atenção. Ao acreditar num pensamento, se identificar com ele ou reagir emocionalmente, você o fortalece – assim como ao compartilhar, curtir ou comentar uma mensagem nas redes sociais. Mas se você apenas o observa, sem se envolver, ele perde energia e se desintegra.

A meditação aprimora os seus poderes de atenção, treinando-o para que constantemente mantenha o foco apenas no objeto de meditação. Isso lhe permite tirar a atenção dos pensamentos inúteis e prejudiciais para concentrá-la nos bons pensamentos, que devem ser fortalecidos e receber mais poder em sua vida (página seguinte).

"Você não é seus pensamentos, é apenas observador deles."

FLUXO CONSCIENTE DA MENTE

O primeiro passo para controlar o fluxo mental é ter consciência de que não é preciso acreditar em seus pensamentos ou segui-los – isso, em si, é uma interrupção do fluxo inconsciente. Depois, escolha onde focar a atenção fazendo-se duas perguntas sobre cada pensamento que tem:

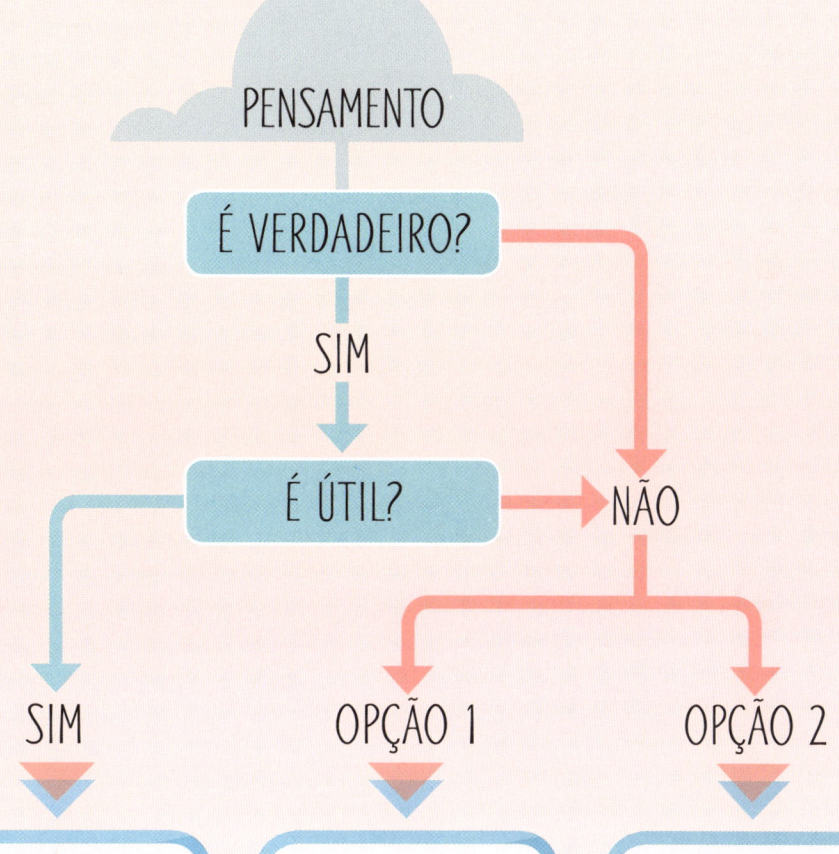

PENSAMENTO

É VERDADEIRO?

SIM

É ÚTIL? → NÃO

SIM | OPÇÃO 1 | OPÇÃO 2

Deixe o pensamento ficar. Goste dele, comente-o, expanda-o, compartilhe-o. Use-o na sua vida como achar melhor. Isso fortalecerá o pensamento.

Apenas observe o pensamento e deixe-o passar, sem envolvimento, como faz na meditação. O pensamento acabará indo embora. Isso ajuda a focar a atenção em outra coisa.

Convença-se, por meio de um diálogo interno consciente, da razão exata pela qual o pensamento é falso ou inútil. Esse diálogo é útil sobretudo para pensamentos recorrentes.

UMA CASA SEM DONO É O CAOS

O poder do autocontrole

Sem autoconsciência, ficamos impotentes diante dos pensamentos e das emoções. A meditação nos dá as ferramentas para recuperarmos o controle da mente e da vida.

Imagine uma casa grande, com móveis lindos, bastante comida e várias opções de lazer. Mas há um problema: a casa não tem dono. Por essa razão, qualquer um pode entrar, ficar quanto tempo desejar e fazer o que quiser lá dentro. Algumas pessoas são barulhentas, quebram móveis ou incomodam os outros moradores, mas ninguém faz nada para acabar com isso. Há uma lista com as regras da casa, mas ninguém as respeita porque a casa não tem um dono que exige o cumprimento dessas regras. Elas são apenas uma lista de desejos.

SEM CONTROLE

Sua mente é essa casa caótica, e as pessoas são os pensamentos, sentimentos e emoções nela hospedados. As regras da casa são o que você gostaria que sua vida fosse – com seus valores e suas aspirações –, e o dono ausente é a consciência. Sem ela, pensamentos, sentimentos e emoções entram, saem e criam o caos na sua mente. Ninguém toma conta deles, que fazem o que bem entendem. Como resultado, sua mente se torna sua maior inimiga, e você termina se sentindo longe de quem gostaria de ser na vida.

DESPERTAR O DONO

Todas as práticas de meditação são um exercício de autoconsciência, atenção e autocontrole. São, na essência, um chamado para que o dono da casa desperte.

Quanto mais você tiver consciência do que acontece na sua mente a todo momento, melhor se conhecerá. A consciência é um tipo de vigilância, de presença. Ela se volta para dentro e sabe o que acontece na sua mente, no seu coração. Sabe distinguir quais hóspedes devem ter permissão para ficar e quais precisam ser expulsos antes que causem muitos danos. Sob o olhar abrangente da consciência, é possível se autocontrolar e direcionar a vida de um jeito melhor – as regras da casa são respeitadas, e você volta a ter prazer em morar nela.

AS REGRAS DA SUA CASA

Elas representam o que você quer que a sua vida interior seja. Decidir quais são as regras lhe ajudará a identificar quais hóspedes são bem-vindos e quais devem ir embora. Alguns exemplos:

SEJA POSITIVO e grato.
DESAPEGUE-SE de sentimentos negativos.
VIVA no momento presente.
NÃO FUJA dos seus medos.
FOQUE o que realmente importa.

"Seja o dono da sua mente. Escolha de modo sábio onde pôr sua atenção."

VIVER NO MOMENTO É SÓ PARTE DA HISTÓRIA

Consciência no presente, passado e futuro

A mensagem "esteja aqui, agora" é tão usada na meditação que muita gente pensa que a consciência do momento presente é tudo o que importa. Mas desenvolver a consciência por meio da meditação também é útil para pensar sobre o passado e o futuro.

Viver no momento – ou ter consciência do momento presente – significa que você presta atenção no que está acontecendo agora mesmo. Você pratica a consciência do momento presente quando está comendo e percebe o que come, ou quando está concentrado no trabalho que faz, na pessoa com quem fala, no exercício que pratica.

Esse tipo de consciência é elemento crucial da meditação, e certamente você precisa estar no aqui agora quando medita, caso contrário não vai perceber quando a mente se distrair durante a prática. Mas, embora estar no aqui agora em suas atividades cotidianas confira a elas uma qualidade meditativa, só isso não as transforma em meditação – e com certeza não substitui a prática da meditação sentada. Para meditar de verdade, você também precisa relaxar, ficar imóvel, olhar para dentro de si e focar a mente (pp. 10-1).

PASSADO E FUTURO CONSCIENTES

Outro equívoco comum é acreditar que pensar sobre o passado ou o futuro é "contra" os ensinamentos da meditação. A capacidade de lembrar e aprender com o passado, de ter objetivos e planejar o futuro ou de pensar nas consequências de um ato é uma habilidade importante para a vida diária. O problema ocorre quando somos controlados ou dominados por sentimentos ligados ao passado e ao futuro – assim como acontece em uma caótica casa sem dono (pp. 34-5).

A prática da meditação não pede que você abandone a habilidade de lembrar, aprender, planejar – nem que reduza a capacidade de usá-las. Ao contrário: quando nos ensina a termos consciência de nossos pensamentos, em lugar de deixarmos por hábito que eles nos controlem, a meditação nos ajuda a interagir com nosso passado e futuro com mais clareza, calma e propósito.

"Estar presente é parte importante da meditação, mas não é tudo."

CONSCIÊNCIA TRADICIONAL X MEDITATIVA

Ao desenvolver a consciência, a meditação nos dá o poder de pensar consciente e deliberadamente, e não de forma automática. Desse modo conseguimos ter uma relação mais saudável com nossos pensamentos e desenvolvemos a habilidade de colocar o passado e o futuro em perspectiva, ficando mais disponíveis para o momento presente.

CONSCIÊNCIA TRADICIONAL

PASSADO
Pensamentos e sentimentos sobre situações às quais não se pode voltar – saudades e arrependimentos – retornam à mente e podem oprimir.

FUTURO
Pensamentos e sentimentos sobre coisas que ainda vão acontecer – esperanças e medos – ocupam espaço na mente e causam ansiedade.

CONSCIÊNCIA
A consciência está dominada por pensamentos ligados ao passado e ao futuro.

PRESENTE
Você passa menos tempo engajado no momento presente.

CONSCIÊNCIA MEDITATIVA

PASSADO
Com mais controle sobre a atenção, você foca o que é positivo, como lições e lembranças.

CONSCIÊNCIA
Você tem uma relação mais calma e clara com pensamentos sobre o passado e o futuro. Tem mais controle sobre eles, que ocupam menos espaço em sua mente.

FUTURO
Com mais controle sobre a atenção, você foca o que é positivo, como planos e objetivos.

PRESENTE
Você tem mais espaço na mente para lidar com o momento presente e passar mais tempo no "agora".

A MENTE MEDITATIVA

COMECE A JORNADA

O que esperar

Neste capítulo você mergulhará diretamente em algumas meditações rápidas para testar estilos diferentes e trazer um pouco de calma imediata para sua vida. Antes, porém, saiba o que esperar.

Primeiro molhe os pés nas águas da meditação com uma técnica rápida, simples, depois experimente cada uma das cinco minimeditações no seu próprio ritmo. Cada uma delas tem um foco diferente – corpo, visão, respiração, pensamento e som –, que lhe dará uma amostra das diversas técnicas exploradas mais a fundo no capítulo 4. Você pode testar as minimeditações uma após a outra, mas é melhor ir devagar para realmente sentir como elas afetam seu corpo e sua mente, talvez gastando 5 minutos por dia com cada uma. Também pode voltar a usar essas técnicas sempre que precisar de uma pausa rápida para relaxar.

Por fim, você será direcionado a refletir sobre como se sentiu antes e depois de cada meditação, a fim de avaliar qual funciona melhor no seu caso, e como solucionar problemas imediatos antes de estabelecer sua prática diária.

EXPECTATIVAS REALISTAS

Após a leitura do capítulo 1, você pode achar que vai se transformar num super-humano logo depois de terminar sua primeira sessão de 10 minutos. Evite cair nessa armadilha. Os benefícios da meditação podem demorar um pouco para aparecer – talvez algumas semanas, meses ou mesmo anos. Então, deve-se dizer que, se você

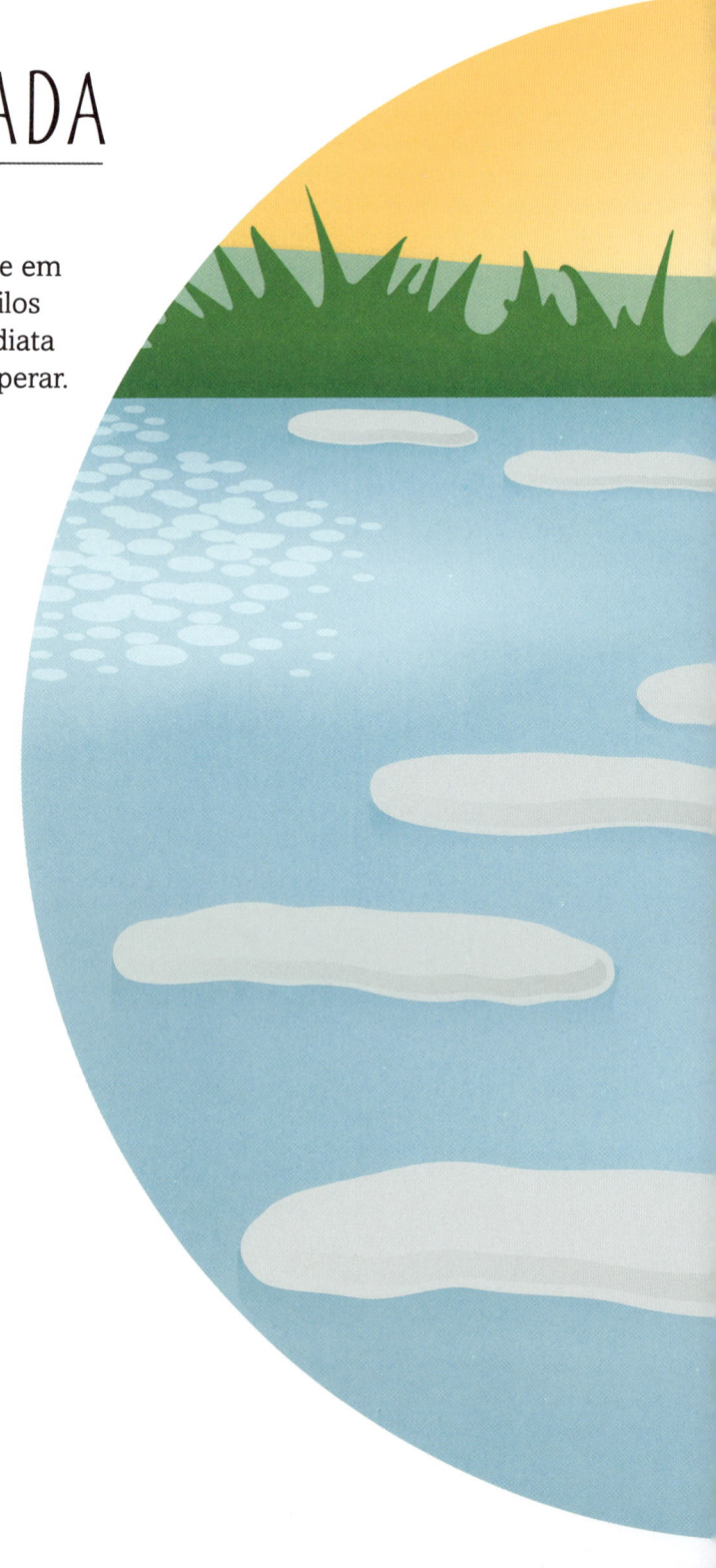

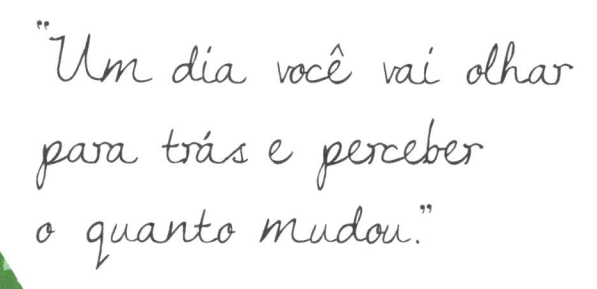

"Um dia você vai olhar para trás e perceber o quanto mudou."

começar a praticar pensando nos benefícios e esperando resultados instantâneos, é provável que se sinta desapontado e desmotivado.

Dito isso, a depender da sua sensibilidade e de seu nível de autoconsciência, aqui estão alguns benefícios que você poderá sentir após uma única sessão:

- **Calma e relaxamento** físico e mental
- **Clareza mental** maior
- **Sensação de descanso** e revigoramento
- **Sensação de estabilidade** e centralidade

Desde que siga as instruções passo a passo, com o estado de espírito correto (abaixo), esses primeiros benefícios virão.

A MENTE DO MEDITADOR

As melhores atitudes a adotar antes de meditar são:

CURIOSIDADE. Desenvolva um sentimento de abertura e interesse em relação à prática escolhida, para que ela não se torne mecânica ou entediante.

PERSEVERANÇA. Comprometa-se a meditar todo dia, sem falta. Essa é a base de todos os benefícios e transformações que a meditação pode trazer (p. 62).

SEM JULGAMENTOS. Não se critique ou culpe por se distrair enquanto medita, ou por não praticar "certo". Evite analisar em excesso suas sessões.

PACIÊNCIA. Não se apresse nem espere resultados imediatos. A autotransformação leva tempo.

RESPIRE

Sua primeira experiência com a meditação

Se você nunca meditou, ou quer apenas fazer uma pausa antes de continuar a sua jornada, tente esta meditação rápida. Você gastará apenas 5 minutos – marque o tempo num *timer*, se quiser.

01 Sente-se confortavelmente, numa cadeira ou no chão. Mantenha costas e pescoço eretos. Feche os olhos ou mantenha-os abertos, com o olhar relaxado e fixo, voltado para o chão.

02 Respire três vezes, inspirando pelo nariz e expirando pela boca. Depois, feche a boca.

03 Tenha consciência do seu corpo. Ele está aqui, agora. Sinta o peso dele. Sinta a forma do seu corpo inteiro. Sinta a sensação dele tocando o chão, da sua pele roçando as roupas.

04 Mentalmente, procure pontos de tensão no seu corpo. Quando encontrar um, foque-o. E, enquanto expira, sinta que o ponto está relaxando.

"Em qualquer etapa do processo, se pensamentos ou imagens surgirem, não se prenda a eles."

05 Concentre-se na respiração. Repare quais partes do corpo estão envolvidas no processo de respirar: narinas, garganta, peito, abdome. Observe as sensações provocadas pela respiração nessas partes do corpo.

06 Preste atenção nas sensações de respirar pelo nariz. Como é a sua respiração? Profunda ou superficial? Rápida ou lenta? Regular ou irregular? Quente ou fria?

07 Imagine que seus pensamentos estão passando como nuvens no céu e continue a prestar atenção nas sensações que a respiração provoca.

08 Pergunte-se: *"Em comparação com 5 minutos atrás, o que mudou no meu corpo e na minha mente?".* Tente sentir a diferença.

AGORA TENTE A MINIMEDITAÇÃO 1
Firme como uma montanha
Use consciência corporal e afirmações para sentir-se calmo e estável ▶

FIRME COMO UMA MONTANHA

Minimeditação 1: consciência corporal

A montanha é um símbolo de paz, força e poder. Por meio da imaginação, de afirmações e da consciência corporal, essa meditação fará você se sentir firme e estável como uma montanha. Você pode usá-la antes de outras meditações ou para induzir o sono antes de dormir.

01 Sente-se numa postura confortável e fique imóvel. Feche os olhos e respire três vezes pelo nariz. A respiração deve ser profunda e regular.

02 Gaste alguns momentos para sentir o corpo inteiro como uma unidade. Sinta o contato do corpo com o chão, almofada ou cadeira. Sinta como a terra lhe dá sustentação.

03 Foque a consciência na perna direita inteira, da nádega até a ponta do pé. Repita para si mesmo:

04 Ao dizer essas palavras, imagine sua perna se transformando numa montanha. É como se uma montanha crescesse de dentro do seu corpo, como se suas células tivessem ligado o "modo montanha".

"Minha perna direita está pesada e estável como uma montanha. Totalmente relaxada, confortável e imóvel."

06 Foque o corpo inteiro outra vez, como uma unidade. Repare em como se sente. Repita para si mesmo:

> "Meu corpo todo está pesado e sólido como uma montanha. Totalmente relaxado, confortável e imóvel."

05 Repita as mesmas afirmações para outras partes do corpo: perna esquerda (da nádega à ponta do pé), braços esquerdo e direito (do ombro à ponta dos dedos), tronco, pescoço, cabeça e rosto.

07 Sinta como a experiência da imobilidade física proporciona descanso, paz e satisfação. Desfrute a sensação de relaxamento que toma conta de você.

08 Quando estiver pronto, foque os dedos das mãos e comece a mexê-los lentamente. Depois, sem pressa, mexa parte por parte do corpo e saia da meditação.

09 Quando tiver terminado, reflita por alguns instantes sobre como você se sentiu antes e depois de meditar (pp. 54-5).

"Diga as palavras com convicção, foco e sentimento. Desperte esses sentimentos no seu corpo."

AGORA TENTE A MINIMEDITAÇÃO 2
Fixe o olhar
A próxima meditação usa a imobilidade do olhar para acalmar a mente ▶

FIRME COMO UMA MONTANHA

FIXE O OLHAR

Minimeditação 2: acalme a mente

Ao manter o olhar fixo, essa técnica proporciona calma à mente. A trátaka (pp. 102-3) é uma versão mais elaborada dessa variação bastante simples, que também pode ser usada como preparação para qualquer outra prática.

01 Sente-se ou deite-se em posição confortável. Fique parado, de olhos abertos, e respire três vezes pelo nariz. A respiração deve ser profunda e regular. Relaxe o corpo e mantenha-o imóvel durante a meditação.

02 Escolha algo estático para olhar: um prédio, a Lua ou um objeto sobre a mesa. Corpo e cabeça devem estar voltados na direção do objeto, que idealmente deve estar na altura do olhar, para que cabeça e olhos fiquem paralelos ao chão. Se o objeto for grande, escolha um ponto para focar.

"Sua consciência deve estar toda atenta ao olhar."

03 Fixe os olhos e a mente no objeto, como se ele fosse a única coisa que existe no universo inteiro. Mantenha os olhos parados, mas relaxados. Não pisque de propósito, deixe acontecer naturalmente. Franzir a testa ou sentir as pálpebras tremerem é sinal de tensão. Se os olhos arderem, idem. Nesses casos, interrompa a prática.

04 Deixe os pensamentos virem e irem como nuvens no céu. Se achar útil, repita mentalmente o nome do objeto como um mantra, por exemplo: "Lua, Lua, Lua". Isso ajudará a centrar seus pensamentos no objeto, junto com o olhar. Continue por 3-5 minutos.

05 Quando estiver pronto, feche os olhos e deixe-os descansar um pouco. Depois, pense por alguns instantes em como você se sentiu antes e depois de meditar (pp. 54-5).

AGORA TENTE A MINIMEDITAÇÃO 3

Inspire, expire
A próxima meditação foca a atenção na respiração ▶

INSPIRE, EXPIRE

Minimeditação 3: conte as respirações

A respiração é um dos focos mais comuns da meditação. Você pode prestar atenção nas sensações de respirar, sincronizar a respiração com um mantra ou modulá-la em padrões específicos. Essa técnica segue o método mais fácil: contar as respirações.

01 Sente-se ou deite-se confortavelmente. Respire três vezes, inspirando pelo nariz e expirando pela boca. A respiração deve ser profunda e regular. Relaxe o corpo e permaneça imóvel durante a meditação. Feche olhos e boca.

02 Preste atenção na respiração. Observe seu fluxo por alguns instantes. Não tente mudá-lo – apenas observe-o.

03 Agora comece a contar as respirações, de 10 a 1. Inspire e, ao final da inalação, diga mentalmente o número "10". Expire. Ao terminar de exalar, diga "10" mentalmente outra vez. Repita contando 9-9, 8-8, até 1-1. Quando chegar a 1, comece outro ciclo de 10.

04 Enquanto conta, deixe os pensamentos virem e irem – não tente eliminá-los nem se deixe irritar por eles. Apenas mantenha atenção suficiente na contagem da respiração para não pular nenhum número.

05 Quando estiver pronto, pare de contar e observe a respiração por alguns momentos. Repare em qualquer mudança na mente e no ritmo da respiração. Mova lentamente os dedos, abra os olhos e encerre a prática.

06 Gaste alguns instantes pensando em como você se sentiu antes e depois de meditar (pp. 54-5).

"Se você se distraiu ou esqueceu o último número, recomece do 10."

AGORA TENTE A MINIMEDITAÇÃO 4
Nuvens no céu
Use a "observação consciente" para obter calma e clareza ▶

NUVENS NO CÉU

Minimeditação 4: observando os pensamentos

O padrão é considerar que nossos pensamentos são fatos, e podemos até nos identificar bastante com eles (pp. 32-3). Nessa meditação você se tornará observador de seus pensamentos, o que o ajudará a tomar distância deles e obter maior clareza e liberdade interior.

01 Sente-se ou deite-se confortavelmente. Respire três vezes, inspirando pelo nariz e expirando pela boca. A respiração deve ser profunda, suave e regular. Relaxe o corpo e permaneça imóvel durante a meditação.

02 Imagine-se afastando-se de si mesmo e observe seus pensamentos passarem como nuvens no céu. Cada nuvem tem formato, cor, velocidade e significado diferentes, mas todas são apenas nuvens, e todas passam. Observe-as à distância.

"Quando notar que um pensamento atraiu sua atenção, faça a mente voltar à posição de observadora."

"Seus pensamentos podem ser palavras, sentimentos ou imagens, mas pense neles como nuvens."

03 Permita-se reparar em cada pensamento, mas não interaja com ele; não o interprete, não o julgue, não dialogue com ele. Continue a ser um observador imparcial de cada pensamento que surge. Não faça nada além disso. Pratique por alguns minutos.

04 Quando estiver pronto, comece a mexer lentamente o corpo, depois abra os olhos. Reflita um pouco sobre como se sentiu durante e depois da meditação (pp. 54-5).

A MENTE OBSERVADORA

Se a imagem das nuvens não funcionar para você, tente outras metáforas visuais:

SEUS PENSAMENTOS SÃO COMO BOLHAS DE ESPUMA na água de um riacho, observe-as passando.

SEUS PENSAMENTOS SÃO COMO IMAGENS projetadas numa tela de cinema, veja-as passar como se assistisse a um filme.

AGORA TENTE A MINIMEDITAÇÃO 5
O som do agora
Foque o sentido da audição para esvaziar a mente ▶

O SOM DO AGORA

Minimeditação 5: receptividade pura

Essa meditação usa o sentido da audição para atingir um estado de receptividade pura. Seus ouvidos não pensam, então quanto mais você foca a atenção na audição, mais esvazia a mente de todo o resto, criando espaço, paz e clareza.

01 Sente-se ou deite-se numa posição confortável. Respire três vezes, inspirando pelo nariz e expirando pela boca. A respiração deve ser suave. Feche a boca. Relaxe o corpo e não se mexa durante a meditação.

02 Concentre toda a sua consciência na audição. Imagine que ela é seu único sentido, sua única maneira de perceber o mundo. Deixe os seus ouvidos se transformarem na sua mente.

03 Repare nos sons que o cercam. Atenção – pode ser o canto de uma ave, a máquina de lavar louça, a passagem de um carro. Não dê nome aos sons, nem pense de onde eles vêm. Não se prenda a um único som, gaste poucos segundos com cada um.

"Se algum pensamento ou outra sensação distraí-lo, leve sua atenção de volta para a audição pura."

04 Sem pressa, procure sons mais distantes, longe do seu corpo. Vivencie cada som sem pensar se gosta ou não dele. Foque a audição pura, como se você fosse uma pedra com ouvidos.

05 Agora escolha um único som que você possa ouvir continuamente. Se não encontrar um som constante, concentre-se no som da sua respiração.

06 O objetivo não é bloquear todos os outros sons da sua mente, mas dedicar atenção consciente, contínua, ao som escolhido.

07 Quando estiver pronto, ignore o som e foque a atenção no seu corpo. Repare em como se sente. Mexa os dedos, abra os olhos, termine a prática. Reflita por alguns momentos (pp. 54-5).

AGORA É HORA DE REFLETIR
Como se sentiu?
Reflita sobre como se sentiu ao fazer cada meditação ▶

COMO VOCÊ SE SENTIU?

Pausa para refletir

Agora que já experimentou meditar, pense um pouco em como se sentiu. Talvez já esteja sentindo mais calma e paz, mas, como acontece no início de cada aprendizado, às vezes isso demora um pouco. Se sentir qualquer dificuldade, é possível que o problema seja fácil de resolver.

O QUE DEVO FAZER A SEGUIR?

Cada uma das minimeditações (pp. 44-53) tem um foco diferente – corpo, visão, respiração, pensamentos e audição. Refletir sobre como cada técnica fez você se sentir vai ajudá-lo a perceber qual tipo de meditação é melhor para você enquanto vivencia a prática. Pensando em cada minimeditação, faça a si mesmo as seguintes perguntas:

● **Como você se sentiu durante** a meditação? Sua mente se engajou com naturalidade na prática e ficou à vontade ou você se entediou, se irritou? Dependendo da pessoa, certos canais sensoriais diferentes têm apelo mais forte, então considere qual foco sensorial funcionou melhor para você e pratique a técnica que trabalha esse foco.

● **Como você se sentiu depois** de cada meditação? As pessoas meditam por razões diferentes, em busca de experiências únicas ou desenvolvimento pessoal. Talvez você só queira relaxar, ou viver uma sensação de liberdade, presença, amor ou autoconhecimento. Pense no que realmente deseja, em qual das meditações se sentiu mais perto de encontrar o que busca; depois, escolha uma técnica similar no capítulo 4 para praticar.

SINTO-ME ESTRANHO – ESTOU PRATICANDO DO JEITO CERTO?

Você pode se sentir em paz e descansado, ou apenas relaxado, após a primeira meditação, ou talvez tenha dificuldade de elaborar a experiência. Talvez esteja inseguro, sem saber se seguiu as instruções corretamente, caso tenha achado difícil sentir o corpo relaxado e pesado (pp. 44-5) ou perceber a diferença entre pensar e observar pensamentos (pp. 50-1). Qualquer que seja sua sensação, o melhor é não se preocupar com isso agora. À medida que você praticar e aprender sobre meditação, verá as coisas mais claramente.

COMO NÃO DORMIR ENQUANTO MEDITO?

Esse é um problema bastante comum. Primeiro, avalie se tem dormido o necessário, caso contrário vai se sentir sonolento e frustrado ao meditar. Depois, veja se está meditando no melhor horário do dia (p. 58).

A postura é importante. Se puder, medite sentado, com as costas eretas e sem apoio. Isso ajuda a manter a mente alerta. Se precisar meditar deitado, dobre os joelhos e apoie a sola dos pés no chão (p. 68).

Se ainda tiver dificuldade para permanecer acordado, primeiro encurte as sessões, depois comece a alongá-las gradualmente. Com o tempo, sua mente aprenderá a ficar calma e alerta, sem sonolência.

COMO DEIXAR MINHA MENTE MENOS INQUIETA?

Pode parecer que sua mente tem vida própria: ela vai atrás do que quer e fica por lá pelo tempo que deseja, não importa o que você faça.

Meditar não é lutar contra a mente, rejeitando pensamentos ou suprimindo seja o que for, é treinar

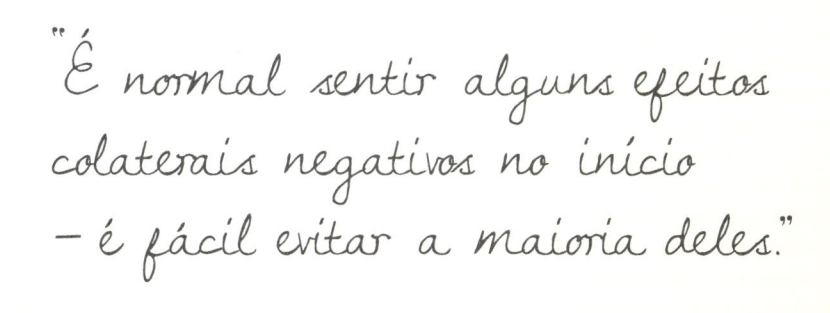

"É normal sentir alguns efeitos colaterais negativos no início – é fácil evitar a maioria deles."

a consciência e o foco. Deixe a mente à vontade, mas faça um esforço para concentrar a atenção na meditação. Para começar, com a maior frequência e rapidez possíveis, repare nas distrações que surgem. A cada vez que perceber que sua mente se distraiu, você fortalecerá a consciência. Isso é bom – fique feliz com isso! Dê o melhor de si e aceite os resultados.

Também ajuda entender como a atenção funciona. Ela sempre foca naturalmente um objeto relacionado à nossa identidade ou a algo que apreciamos ou detestamos. Não podemos mudar essa tendência, mas podemos usá-la a nosso favor. Primeiro, escolha uma meditação de que goste. Depois, aprenda a gostar do objeto da meditação. Se escolher uma técnica que foca a respiração, por exemplo, torne essa ação prazerosa – sinta como cada respiração é interessante, misteriosa, agradável.

COSTAS, JOELHOS OU PERNAS DOEM DURANTE A MEDITAÇÃO?

Meditar não precisa causar dor. Siga as orientações sobre as melhores posturas ou tente meditar deitado (pp. 66-9).

E SE EU SENTIR COCEIRA ENQUANTO MEDITO?

Praticar o escaneamento corporal e o relaxamento (pp. 44-5 e 92-3) por alguns minutos, antes de começar a meditar, deve diminuir qualquer vontade de se coçar. Se ainda sentir coceira, tente apenas observá-la: faça uma pausa mental e relaxe a sensação. Se ainda assim quiser se coçar, faça-o lentamente e volte a meditar.

É NORMAL A RESPIRAÇÃO FICAR IRREGULAR, ESQUISITA, QUANDO PRESTO ATENÇÃO NELA?

Isso pode acontecer. Apenas aceite que esse padrão diferente vai durar algum tempo. Não julgue a si mesmo, não fique tenso, não entre em pânico; relaxe e siga respirando. Com tempo e prática, sua respiração voltará ao normal.

AINDA SINTO DIFICULDADES – O QUE DEVO FAZER?

A maioria dos efeitos colaterais passará após algumas sessões. Se não passarem, tente mudar de técnica ou consulte um professor de meditação.

COMECE A PRATICAR

DEFINA UMA ROTINA DIÁRIA

Por que, quando, quanto tempo, onde e como

É melhor meditar pouco que não meditar, mas, para aproveitar ao máximo a prática, você precisa meditar todo dia. Estabelecer uma rotina que funcione bem para você vai ajudar a transformar a meditação numa prática diária.

Seguindo com rigor essas orientações, será mais fácil estabelecer e aprofundar a prática da meditação. Mas não permita que a sua situação atual seja uma desculpa para não praticar: comece de onde está e faça o que puder.

POR QUÊ?

Primeiramente, ajuda saber as razões pelas quais você quer meditar. Para ficar mais saudável? Aliviar o estresse? Melhorar a performance, o bem-estar? Curar-se emocionalmente? Crescer espiritualmente, conectar-se? Faça uma lista das motivações principais e consulte-a quando perceber desmotivação. Talvez ajude lembrar os benefícios da meditação descritos no capítulo 1.

Quanto mais clareza você tem sobre por que deseja meditar, mais forte será sua motivação para praticar. Esse será o combustível da sua sessão diária de meditação e determinará quão longe você vai chegar.

QUANDO?

É melhor meditar sempre todo dia no mesmo horário, para criar um hábito. Muitas pessoas meditam de manhã porque é mais fácil, evita o esquecimento da sessão, mas você pode escolher outro horário melhor, mais adequado à sua rotina, desde que siga as orientações dadas aqui. O ideal é escolher um horário em que se sinta descansado, relaxado, alerta, caso contrário será difícil se aprofundar na prática. Ou seja, é bom meditar:

- **De manhã**, após uma boa noite de sono, pois você estará descansado.
- **Logo depois** de exercícios leves, quando a respiração e a pulsação se estabilizarem, pois você estará mais alerta.
- **Em qualquer horário** em que seu estômago esteja vazio (no mínimo 2 horas depois de uma refeição farta), pois a digestão pode causar sonolência.

Seu relógio corporal
Meditar todo dia no mesmo horário faz com que seu corpo e sua mente saibam quando se aquietar e focar.

"Com o tempo, meditar se tornará parte do seu dia a dia."

ADQUIRA BONS HÁBITOS

É mais fácil criar um hábito se você praticá-lo logo após um hábito já estabelecido. No caso da meditação, pratique-a depois de algo que você faz todo dia, no horário em que gostaria de inseri-la.

SE QUISER MEDITAR de manhã, por exemplo, o hábito já estabelecido pode ser tomar banho. Isso significa que sua mente vai associar a meditação com algo a ser feito depois do banho. Outros exemplos de hábitos são tomar um copo d'água ao acordar ou escovar os dentes. Pode ser qualquer coisa, desde que você a faça diariamente.

ESCOLHA um gatilho que vai lembrá-lo de meditar. Isso será necessário apenas nas primeiras semanas, quando o hábito ainda não estiver estabelecido. O gatilho pode ser um bilhete colado no espelho ou o alarme do celular.

DEFINA UMA ROTINA DIÁRIA

CONTINUA ▶

CONTINUAÇÃO ▶

QUANTO TEMPO?

No início, opte por sessões curtas para evitar ficar desmotivado e ter uma desculpa para não meditar – uma sessão de apenas 5 minutos já é o suficiente para começar. Conforme o tempo for passando, se o hábito já estiver estabelecido e você estiver gostando de meditar, a duração da sessão pode ser aumentada gradualmente – 1 minuto por semana, por exemplo. Para aproveitar os benefícios gerais da meditação, a meta deve ser praticar sessões diárias de 20 minutos. Para maior autotransformação e mais benefícios espirituais, a meta passa para 40 minutos. Use um *timer* ou um aplicativo de meditação para marcar o tempo da sessão.

ONDE?

Pense em um lugar calmo em casa ou no trabalho, onde ninguém irá perturbá-lo. Privacidade é crucial para que você se sinta seguro para fechar os olhos e olhar para dentro de si.

O ambiente tem impacto sobre a mente. Por isso, se puder, escolha um lugar livre de distrações, com poucos objetos, bem-arrumado e limpo. É difícil ter um espaço dedicado exclusivamente à meditação, por isso basta delimitar um canto de uma sala como local da prática.

É importante meditar todo dia no mesmo lugar, se possível. Isso ajuda a fortalecer o hábito e cria associações que lhe permitirão começar a meditar com mais facilidade quando estiver naquele espaço. O local será um gatilho para que sua mente se acalme e relaxe.

Você também pode levar a meditação para outros momentos da vida cotidiana, como o trajeto entre a sua casa e o trabalho, caminhadas, um banco de praça etc. (pp. 140-1).

COMO?

Muitas técnicas são ensinadas neste livro. Escolha algumas que gostaria de experimentar (pp. 80-1) ou, se já souber qual prefere, continue a praticá-la.

Também é uma boa ideia escolher a posição em que irá se sentar – seja no chão, seja num banquinho ou numa cadeira (pp. 66-9) – e os objetos necessários à meditação, como uma vela ou uma mandala. Deixe-os acessíveis no local de meditação para quando for praticar.

REPITA

Ao terminar de meditar, independentemente da qualidade da meditação, dedique um momento a apreciar a chance de ter feito algo bom e importante para si mesmo. Depois, comprometa-se a meditar de novo no dia seguinte, no mesmo horário e local.

Por fim, durante a meditação, tenha sempre em mente curiosidade, perseverança, ausência de julgamento e paciência em relação à sua prática (pp. 40-1).

"Inserir a meditação na sua vida diária vai ajudar a melhorar a forma de praticá-la."

TODO DIA

O poder do comprometimento

Mesmo quando você está motivado, criar um novo hábito não é fácil. A motivação é o combustível inicial necessário para começar, mas pode ser tão volátil quanto o seu humor. Assim que tiver começado, você precisará de empenho para tornar a meditação parte da sua vida a longo prazo.

É o empenho que mantém um casal unido apesar dos momentos de conflito e das dificuldades. É a dedicação que faz os pais exaustos continuarem a se esforçar para dar o melhor aos filhos. E é o comprometimento que fará você continuar meditando mesmo quando estiver cansado, ocupado ou desmotivado.

Ao criar o hábito de meditar, esse comprometimento ganha um nome: todo dia. "Todo dia" significa que você dirá a si mesmo: "Meditarei todo dia. Não vou dormir sem meditar, aconteça o que acontecer! Mesmo se estiver cansado ou ocupado, mesmo se estiver viajando, vou me sentar e meditar no mínimo 5 minutos". Ao assumir esse compromisso consigo mesmo, a meditação fincará raízes na sua vida. E você terá vencido a primeira batalha: a da disciplina.

A LIBERDADE DO COMPROMETIMENTO

O hábito "todo dia" libera bastante espaço mental: significa que nunca mais você precisará decidir se vai meditar ou não, se terá tempo para isso ou não. Se as circunstâncias forem muito adversas num determinado dia, a única questão será: "Quando e por quanto tempo conseguirei meditar hoje?".

Se ainda não estiver pronto para assumir esse compromisso, tudo bem – você pode continuar a explorar o mundo da meditação, aprender mais sobre ele, experimentar. Mas é só quando você se compromete que todos os benefícios da meditação ficam ao seu alcance.

"Existe um poder enorme em fazer algo positivo por si mesmo todo dia, não importa o que aconteça."

DESCULPAS, DESCULPAS

Esteja ciente de que "todo dia" não aceita exceções. Gaste 1 minuto pensando em todas as circunstâncias desafiadoras que podem surgir e lhe oferecer uma desculpa perfeita para omitir ou "esquecer" sua prática diária. Depois, pense num contra-argumento. Por exemplo:

DESCULPAS

"Tenho um prazo a cumprir e o trabalho é minha prioridade – meditarei amanhã."

"Não posso meditar no local ou horário de costume, então não vou meditar."

"Estou de férias, isso quer dizer que posso tirar uma folga da meditação também."

"Estou numa situação emocional muito difícil agora – não consigo meditar."

CONTRA-ARGUMENTOS

"Meditar ajuda a melhorar minha performance. É um tempo bem gasto."

"Essa é uma ótima oportunidade para incluir a meditação no meu dia a dia."

"Meditar me deixa relaxado e calmo. Vai me ajudar a aproveitar o descanso."

"Apenas observo os pensamentos difíceis. A meditação me ajuda a processá-los."

APRECIE O PROCESSO

A base para meditar por toda a vida

Quanto mais você gostar de meditar, mais aproveitará os benefícios dessa prática. Se a encarar com positividade, mais se sentirá motivado e comprometido na sua jornada meditativa, criando a base para que ela se torne um hábito de longo prazo.

Aprender a gostar do processo é importante para sua relação com a meditação e seu diálogo interior sobre a prática. A chave é lembrar que meditar é um tempo valioso reservado para si mesmo, e não uma obrigação a ser riscada da lista de tarefas. Trata-se de conhecer a si mesmo, de se tornar seu melhor amigo, de se controlar. Meditar é uma força multiplicadora para tudo mais em sua vida.

Experimente as ideias a seguir para que meditar seja uma parte agradável de sua vida.

- **Veja a meditação como uma jornada** exploratória. Pense no modo como a pratica, explore métodos diferentes, procure professores diferentes, até encontrar o que for melhor para você.
- **Procure meditar nas melhores condições**, criando um lugar inspirador no qual praticar, usando uma boa almofada ou banquinho (pp. 60 e 66-9).
- **Tente evitar pensamentos negativos** quando praticar, como criticar a si mesmo ou analisar demais as sessões. Entenda que basta exercer sua consciência e focar suas habilidades (à direita).
- **Medite um pouco menos** do que gostaria. Não force sua motivação – isso ajuda a manter o desejo aceso.
- **Encontre um parceiro de meditação** – alguém entusiasmado com a prática e com quem possa trocar experiência.
- **Junte-se a uma comunidade de meditação** para se manter inspirado e na trilha certa.

RESPIRE

JORNADA EXPLORATÓRIA

FIQUE NO AGORA

PAZ INTERIOR

DIÁLOGO INTERNO

Se perceber que está entrando num diálogo interno negativo, use uma afirmação positiva como as listadas abaixo. Repare que os pensamentos negativos fazem você se sentir mal, ao passo que os positivos elevam sua autoestima, são encorajadores e abrem sua mente.

DIÁLOGO NEGATIVO

"Preciso terminar logo de meditar para fazer outras coisas."

"Meditar é uma chatice, só medito porque sei que me faz bem."

"Tenho de meditar. É uma tarefa necessária."

"Todo mundo medita, todos sabem que meditar é bom. Eu sentiria vergonha se não o fizesse."

AFIRMAÇÃO POSITIVA

"Ótimo, é hora de ficar um pouco zen!"

"Adoro como me sinto depois de meditar, tão relaxado e descansado!"

"Meditar é um modo de explorar as profundezas do meu eu."

"Vivo uma sensação única de paz e bem-estar quando medito, quero sentir isso mais vezes."

APRECIE O PROCESSO

AS MELHORES POSTURAS

Estabeleça uma boa base

Deitar no sofá faz você se sentir cansado ou preguiçoso, mas ficar em pé lhe dá a sensação de confiança e força. Seu corpo influencia sua mente, por isso encontrar a melhor posição para meditar é essencial à prática.

A linguagem corporal é uma ferramenta poderosa para dizer ao sistema nervoso como você deveria se sentir, por isso é importante seguir as recomendações específicas para as posturas de meditação. Tais posições não são parte de um ritual ou um símbolo cultural, e sim resultado de séculos de experiência sobre como certas posturas afetam a mente. Desde que siga as orientações nestas páginas, você vai desenvolver uma base sólida para praticar meditação.

ESCOLHA UMA POSTURA

Estas páginas apresentam quatro posturas que você pode usar ao meditar. A melhor é sentado numa almofada, no chão (à direita), pois é a mais estável e facilita o relaxamento e o alcance da serenidade física e mental. Sentar numa almofada parecerá mais natural com a prática, mas se achar difícil, sente-se num banquinho ou numa cadeira e aplique os mesmos princípios para encontrar o equilíbrio entre o conforto e a estabilidade. Você também pode meditar deitado, caso ficar sentado seja muito desconfortável (pp. 68-9).

"Uma boa postura é a melhor base para a prática meditativa."

04 Para manter o pescoço ereto, erga suavemente o topo da cabeça na direção do teto; como se uma linha invisível o puxasse.

03 Feche os olhos e a boca.

02 Mantenha a espinha e o pescoço eretos, sem apoiá-los em nada.

01 Incline de leve a parte superior da pelve para a frente; isso ajuda a manter as costas eretas mais facilmente.

A POSTURA BIRMANESA
Para adotar essa posição, mostrada aqui, sente-se numa almofada, num cobertor dobrado ou num bloco de ioga. Os quadris devem ficar ligeiramente mais altos que os joelhos. Com o tempo os quadris ficarão mais flexíveis, e será mais fácil sentar-se assim.

05 Encoste a língua no céu da boca, para salivar menos.

06 Os joelhos devem estar apoiados. Se não encostarem no chão, ponha um travesseiro ou uma manta dobrada sob cada um deles.

07 Relaxe na postura, apreciando sua dignidade e estabilidade.

PRINCÍPIOS DA POSTURA

Qualquer que seja a postura escolhida, enquanto medita garanta que vai se sentir:
ESTÁVEL. Uma postura firme faz você se sentir conectado com a terra e seguro.
ERETO. Sentar-se ou deitar-se em posição reta evita que a mente se distraia ou divague.
CONFORTÁVEL. A certeza do conforto permite ficar sentado ou deitado por um longo tempo, sem se distrair.
RELAXADO. Relaxe todos os músculos que não forem usados para manter a postura, em especial os dos ombros, dos braços e do rosto.

CONTINUA ▶

CONTINUAÇÃO ▶

POSTURAS ALTERNATIVAS

Se for desconfortável sentar com as pernas cruzadas, como na postura birmanesa, use um banquinho, uma cadeira ou deite-se – tanto faz. Apenas siga os princípios de postura (p. 67). Depois, feche os olhos e a boca, encoste a língua no céu da boca e relaxe.

A pelve deve estar inclinada para a frente, para que a coluna fique ereta.

Escolha um banquinho de altura confortável. Sinta equilíbrio e firmeza.

NO BANQUINHO
Para meditar na posição ajoelhada, use um banco baixo. Ou então vire uma almofada de meditação de lado e coloque-a entre as pernas.

"Se meditar deitado, defina o propósito de não adormecer."

Incline a cabeça para trás, deixando o pescoço reto. Use um travesseiro como apoio extra.

As mãos devem ficar dois palmos afastadas do corpo.

DEITADO
Caso sentar cause desconforto, medite deitado. Para diminuir as chances de dormir, dobre os joelhos e apoie a sola dos pés no chão – caso cochile, as pernas cairão para o lado e você acordará.

NA CADEIRA
Se achar ruim meditar numa almofada ou num banquinho, tente meditar numa cadeira. Escolha uma que seja firme e permita que você fique ereto, com a sola dos pés encostada no chão. Mesmo que a cadeira tenha encosto, não o utilize.

As coxas devem ficar paralelas ao chão.

Você pode usar uma almofada para inclinar a pelve para a frente, o que ajuda a manter a espinha ereta.

Pescoço, cabeça e coluna devem formar uma linha reta.

Entregue seu corpo todo ao chão, liberando todas as tensões.

Mantenha as mãos abertas, com a palma voltada para cima e os dedos relaxados.

Mantenha as pernas abertas numa largura pouco maior que a dos ombros, deixando os pés soltos para o lado.

"Você pode usar a postura da cadeira para meditar a qualquer hora, em qualquer lugar."

UM SOPRO DE AR FRESCO

Respiração abdominal

Cada célula do corpo precisa de um fluxo constante de oxigênio, portanto o modo como respiramos tem um impacto mais profundo no bem-estar do que imaginamos. A respiração abdominal ajuda a relaxar na meditação e a manter a calma no dia a dia.

A respiração torácica enche de ar apenas a região média dos pulmões, tensiona os ombros e o pescoço e ativa no corpo a resposta "fugir ou lutar", aumentando o hormônio do estresse, o cortisol.

A respiração abdominal, por sua vez, enche de ar a parte baixa dos pulmões, onde há maior concentração de vasos sanguíneos. O resultado é que o corpo recebe mais oxigênio com menos esforço, o que melhora o humor e aumenta os níveis de energia. Isso tem um efeito calmante no corpo e na mente, permitindo que se alcance um maior relaxamento ao meditar. Além disso, respirar abdominalmente o tempo todo traz esses benefícios de maneira duradoura. O ideal é respirar pelo nariz e manter a respiração lenta e regular.

COMO VOCÊ RESPIRA?

Para saber como é sua respiração no piloto automático, deite-se e ponha a mão esquerda na barriga e a direita no peito. Respire normalmente. Se a mão esquerda se mover, sua respiração é abdominal. Se a direita se mexer, sua respiração é torácica.

Se você costuma ter respiração torácica, o exercício mostrado à direita vai ajudar na mudança para a respiração abdominal. De início pode parecer estranho, mas, depois de uma semana, você vai começar a achar normal.

02 Gaste 1 minuto observando o fluxo natural da respiração e como ele move seu corpo e suas mãos. Não mude nada, ainda.

01 Deite-se com conforto. Ponha a mão esquerda na barriga e a direita no peito.

Como respirar abdominalmente
Faça o exercício descrito de manhã e à noite, por uma semana. Repare na respiração durante o dia e faça um esforço consciente para mudá-la.

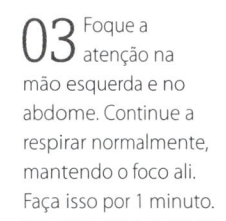

03 Foque a atenção na mão esquerda e no abdome. Continue a respirar normalmente, mantendo o foco ali. Faça isso por 1 minuto.

04 Ao inspirar, deixe o diafragma se expandir, fazendo com que a barriga se mova para a frente e para o alto. Ao expirar, relaxe o diafragma para que a barriga volte ao lugar. Pratique por 20 respirações. A mão direita não deve se mover durante o exercício.

05 Afaste as mãos e, por 1 minuto, observe a respiração continuar fazendo seu abdome se mexer.

06 Termine o exercício assim que estiver pronto. Observe como está se sentindo e repare se está diferente de como se sentia antes.

"O jeito de respirar, pelo resto da vida, será mais saudável, calmante e revigorante."

USE AS MÃOS

Conheça os mudras

Você já aprendeu a arte de sentar, mas o que fazer com as mãos? Alguns praticantes deixam as mãos em posições chamadas "mudras", palavra sânscrita que significa "gesto", "atitude" ou "selo".

Existem centenas de mudras, cada qual com um propósito específico, e eles são usados em muitas tradições meditativas do budismo e da ioga. Os iogues acreditam que têm um efeito sutil na mente, embora se diga que apenas praticantes experientes, de consciência precisa, conseguem notar tal efeito.

Os cinco mudras mais usados na meditação são apresentados aqui. Como sempre, é melhor experimentar todos e ver qual é melhor para você. Se preferir, apenas deixe as mãos relaxadas no colo ou sobre os joelhos.

GESTO DA CONSCIÊNCIA (*chin mudra*)
Mesma posição da jnana mudra (abaixo), mas com as palmas das mãos viradas para cima. Ambas representam a união da consciência universal com a individual. A chin mudra cria abertura e receptividade. É mais difícil mantê-la quando o corpo relaxa.

"Os mudras ajudam na concentração e intensificam a energia."

GESTO DO CONHECIMENTO (*jnana mudra*)
Ajuda a se conectar com a sabedoria e o conhecimento interior e a encontrar clareza. Junte a ponta dos dedos indicadores com a base ou a ponta dos polegares. Alongue os outros dedos. As mãos ficam nos joelhos, palmas viradas para baixo.

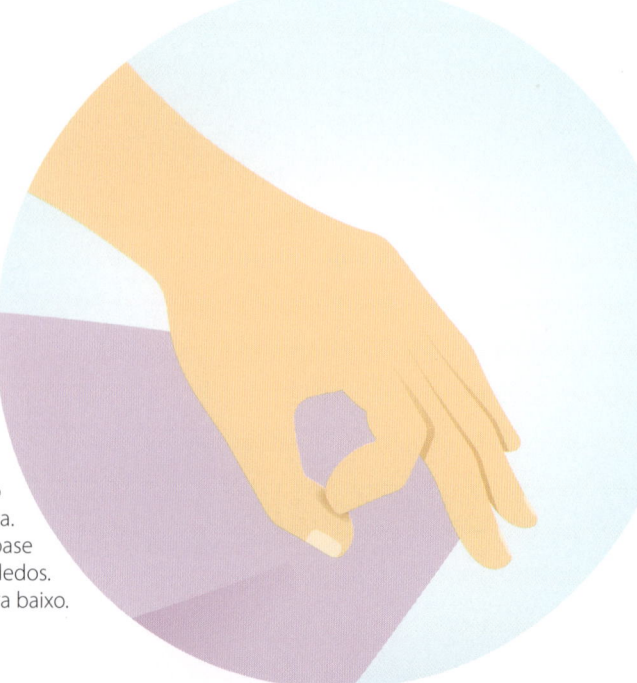

GESTO DA MEDITAÇÃO (*dhyana mudra*)
Também chamada ioga mudra ou samadhi mudra, é a posição preferida dos meditadores budistas. Acredita-se que melhore as habilidades de cura e concentração. Ponha a mão esquerda no colo, palma para cima, e a mão direita em cima dela. Estenda os dedos e junte a ponta dos polegares.

GESTO DO PODER (*bhairava mudra*)
Essa posição estimula a força interna, a saúde e a harmonia no seu fluxo de energia. Semelhante à dhyana mudra (acima, à direita), mas com os polegares relaxados.

GESTO DO ÚTERO (*yoni mudra*)
Praticado para acalmar o sistema nervoso e trazer equilíbrio e serenidade. Ajuda a promover consciência interior. Junte os dedos médio, anular e mindinho, até que as "almofadinhas" na ponta deles se unam. Junte os polegares e aponte os indicadores para baixo.

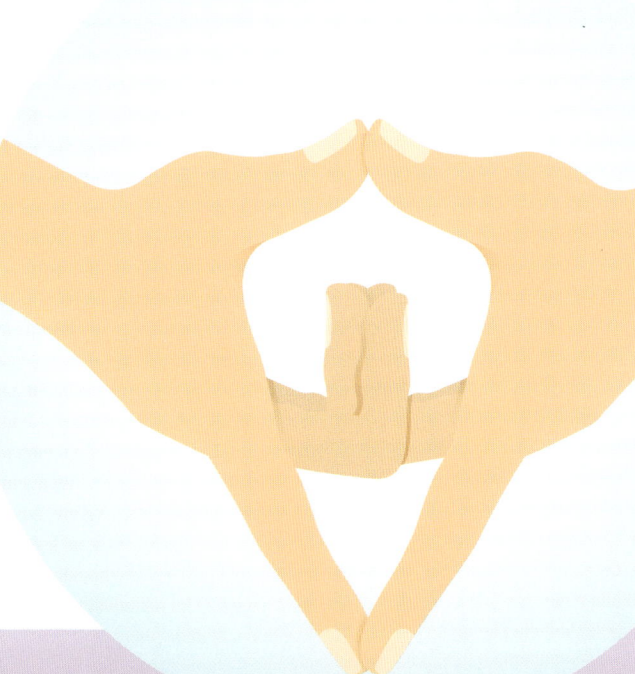

A ARTE DA CONCENTRAÇÃO

Equilíbrio entre esforço e relaxamento

Todos nós usamos a concentração no dia a dia, mas raramente a praticamos com a intensidade do foco necessário à meditação. Um estado profundo de concentração exige equilíbrio entre duas coisas: esforço e relaxamento.

Ao fazer muito esforço na meditação, você fica tenso e inquieto; com excesso de relaxamento, fica sonolento e preguiçoso. A concentração profunda está no meio desse caminho, um equilíbrio entre o tipo certo de esforço e o tipo certo de relaxamento.

Para alcançar o tipo certo de relaxamento, livre-se das tensões no corpo e na mente, "abrindo-se" e "aprofundando-se", mas permanecendo alerta o tempo todo. Para o tipo certo de esforço, estabeleça uma sensação de intensidade, mas que contenha continuidade, firmeza e delicadeza. Isso ajuda a criar um sentimento de importância e interesse pela meditação, mantendo-o vivo. Imaginar uma metáfora para a intensidade auxilia a canalização desse sentimento (página seguinte).

"Gerar o equilíbrio correto ajuda a entrar no estado de fluxo."

METÁFORAS DE INTENSIDADE

Essas ideias visuais ajudam a mente a entender o senso de presença intensa e inabalável que você pode aplicar, depois, à meditação. Ao fazê-lo, você entrará no estado de fluxo: momentaneamente, vai se esquecer de si mesmo, de sua postura, do ambiente, e se tornar uno com o objeto do seu foco.

Medite como…
- **Alguém numa corda bamba**, cuidadosamente pondo um pé atrás do outro em perfeito equilíbrio.
- **Um artista esculpindo uma imagem** num palito de fósforo, mantendo mente, olhos e mãos perfeitamente firmes.
- **Uma vela queimando** numa sala fechada.
- **Um gato paciente, calmamente esperando** fora de um buraco de rato, pronto para a caçada.
- **Pais abraçando um filho** que não veem faz tempo.
- **Sua mente é feita de pó de ferro** e o objeto de sua meditação é um ímã.
- **Cada gota do seu ser** não tem outro lugar para ir a não ser o objeto da meditação.
- **Sua mente é uma flecha** voando rumo ao alvo.
- **Você está pondo uma cerca** ao redor da sua mente para focar uma única coisa, como sua respiração.
- **Seus cabelos estão em chamas** e o objeto de sua meditação é água.

A ARTE DA CONCENTRAÇÃO

ANSIEDADE E MEDITAÇÃO

Quando o relaxamento deixa você inquieto

A meditação ajuda a controlar a ansiedade, mas e se o relaxamento, em si, for uma fonte de ansiedade? Se relaxar o induz a sentir ansiedade, os passos mostrados aqui vão ajudá-lo a superar isso, mas é uma boa ideia consultar um profissional para ter mais apoio.

Começar a entender por que o relaxamento o deixa ansioso é de grande ajuda. Às vezes é um pensamento preocupante (página seguinte) ou uma emoção reprimida que, durante a calma da meditação, emergem à mente consciente. Não importa o que seja, reconheça claramente o pensamento ou a emoção.

AJUSTE SUA ATITUDE
Quando você vê com clareza o que causa sua ansiedade, pode começar a mudar conscientemente sua atitude em relação ao relaxamento. Quando for meditar de novo, repare no seu corpo, na respiração e na mente. Identifique onde, no corpo, reside a ansiedade: é uma sensação de nervosismo nas pernas? Uma vibração no peito? Uma pressão dentro da cabeça? Identifique as sensações e tensões exatas associadas à ansiedade. A cada expiração, relaxe conscientemente essas sensações.

Observe com cuidado o padrão da sua respiração e veja como está associado à ansiedade. Respire abdominalmente, com inspirações lentas e fundas (pp. 70-1).

Se continuar perturbado por pensamentos que causam ansiedade, tente praticar afirmações que os eliminem (página seguinte). Se isso não ajudar, saiba que de início o relaxamento e a imobilidade podem ser desconfortáveis. Aceite o desconforto, a sensação de nervoso que chega e os padrões ansiosos de pensamento. Observe-os como uma testemunha neutra. Experimente as sugestões abaixo:

- **Permita que tais sensações** e pensamentos existam – deixe-os chegar e partir. Quaisquer que sejam, não deixe que incomodem você. Apenas observe-os.
- **Evite criar** histórias sobre esses pensamentos e sensações. Não entre em pânico. Apenas observe-os, respire e os deixe ir embora. Pensamentos não podem ferir você.

TENTE ALGO DIFERENTE
Por fim, se a ansiedade ainda perturba você, tente encurtar as sessões. Ou então experimente técnicas mais dinâmicas, como kinhin (pp. 90-1), ássanas da ioga (pp. 94-5), tai chi (pp. 96-7) ou pranayama da abelha (pp. 88-9).

"Se relaxar o deixa ansioso, talvez ajude saber que você não é o único que passa por isso."

REFORMULE OS PENSAMENTOS

A ansiedade provocada pelo relaxamento vem de um pensamento preocupante, como mostrado abaixo. Se, depois de acalmar o corpo e a mente, ainda for assombrado por pensamentos que o deixam ansioso, tente praticar afirmações positivas opostas a tais pensamentos.

PENSAMENTOS

"Estou perdendo meu tempo."

"Meu corpo está imóvel demais, e minha respiração, muito lenta... Que medo!"

"Que sensações estranhas são essas que estou sentindo? Isso é normal? Será que fiz algo errado?"

AFIRMAÇÕES

"Meditar é um jeito ótimo de passar o tempo!"

"Relaxo e me entrego à imobilidade. Ela me dá paz, é prazerosa, me fortalece e me dá segurança."

"O que está acontecendo é bom. Estou seguro. Sou um observador de todas essas sensações."

TIPOS DE MEDITAÇÃO

CRIE SEU CAMINHO

Encontre a melhor técnica para você

Neste capítulo você conhecerá diversas técnicas de meditação. Pode parecer difícil escolher qual experimentar primeiro, mas dedicar um tempo a explorá-las e refletir já é um bom começo.

As técnicas de meditação mostradas neste capítulo são as mais comuns das principais tradições e podem ser praticadas de modo secular. Elas estão agrupadas com base no canal sensorial que utilizam mais, começando com as que usam todos os canais ao mesmo tempo, seguidas por corpo e sensação, respiração, visão, audição, mente e emoções. Essas abordagens variadas desenvolveram-se ao longo do tempo para atender a diferentes necessidades, personalidades e objetivos, os quais podem mudar no decorrer da vida. Embora todas as técnicas ofereçam diversos benefícios – como redução de estresse e de preocupação (pp. 24-7) –, cada uma delas tem as próprias características, "sensações" e resultados, por isso é importante escolher a que funciona melhor para você.

MEDITAÇÃO EM GRUPO

Você pode praticar todas as técnicas deste capítulo sozinho, em casa. No entanto, algumas pessoas consideram mais proveitoso meditar em grupo, com um professor. Por exemplo, diz-se que a meditação transcendental, ou MT, só pode ser ensinada por professores certificados por organizações oficiais dessa modalidade. Por isso, não foi incluída neste capítulo. Outra técnica importante também não incluída aqui é a kirtan, melhor quando praticada em grupo (pp. 178-9).

AS TRÊS HABILIDADES-CHAVE

A meditação envolve consciência, relaxamento e concentração. Essas habilidades estão essencialmente presentes, de um modo ou de outro, em todas as técnicas. Contudo, cada estilo de meditação tende a desenvolver uma habilidade mais que as outras, e isso é algo a considerar antes de escolher uma técnica para meditar.

Cada técnica neste capítulo inclui um quadro chamado "O fundamental", que indica a habilidade mais exigida; isso o ajudará a entender a diferença entre as meditações. Lembre apenas que algumas técnicas podem se encaixar em mais de uma categoria.

"Sua experiência com a meditação e os efeitos dela sobre você vão depender da técnica escolhida."

ESCOLHA UMA TÉCNICA

Só há um jeito de fazer isso: experimentando. Nenhuma técnica é universalmente "a melhor" para todo mundo, pois somos todos diferentes. Seguir os passos abaixo ajudará você a identificar o melhor estilo para o seu caso, segundo seu temperamento, suas necessidades e seus objetivos.

Comece pensando no que quer conseguir ao meditar. Quais benefícios procura? Aliviar o estresse? Entrar em contato com seu eu interior? Melhorar a memória e a concentração? Você é mais o tipo corpo, mente ou coração? Que experiências ou sentimentos mais valoriza na prática da meditação? Paz? Serenidade? Amor e conectividade? Estabilidade? Clareza e autoconhecimento? Ponderação? Qual habilidade quer desenvolver mais? Consciência, relaxamento ou concentração (página anterior)?

Leia as descrições das técnicas e experimente por três ou quatro dias as que mais o atraírem. Anote os resultados num diário.

Selecione de duas a quatro técnicas para explorar melhor. Pratique cada uma delas por duas semanas ou um mês.

Aprenda mais sobre cada técnica e, se puder, converse com pessoas que as pratiquem ou ensinem.

Por fim, escolha uma técnica para sua prática diária. Claro que você pode praticar outras de vez em quando, mas concentrar-se em uma só vai permitir mais aprofundamento.

ATENÇÃO PLENA

Consciência do momento presente

A meditação de atenção plena trabalha a habilidade de não julgar coisa nenhuma – ou seja, observar as coisas sem criar reações desnecessárias a elas. É uma prática de meditação sentada, que inclui vários elementos da atenção plena.

POR QUE ESCOLHER ESSA TÉCNICA?

Uma das meditações mais comuns no Ocidente, a atenção plena (*mindfulness*) é, por natureza, secular. Trata-se de um modo simples de ficar mais ancorado no momento presente e desenvolver uma consciência não julgadora sobre como seu corpo e sua mente funcionam.

Por exemplo, imagine que está chovendo e você esqueceu seu guarda-chuva. Seu corpo fica tenso e você se sente chateado ou irritado. Com a atenção plena, você apenas repara na chuva, percebe que seu corpo ficou tenso e que pensamentos de reclamação rodopiam pela sua mente. Você não persegue esses pensamentos cegamente nem tenta interpretá-los. Essa consciência receptiva, básica, não julgadora, é a atenção plena.

O FUNDAMENTAL

- **Essência** Consciência não julgadora, a cada momento, do que acontece no corpo e na mente, ancorada na respiração
- **Canal sensorial** Multicanal, respiração
- **Habilidade** Consciência
- **Tradição** Budismo, secular
- **Práticas similares** Minimeditação 3, vipassana, silêncio interior, nomeação dos pensamentos, zazen

---

01 Sente-se numa postura de meditação confortável e estável. Você pode manter os olhos abertos ou fechados. Respire fundo três vezes, pelo nariz. Relaxe o corpo a cada expiração.

02 Concentre-se na respiração. Mesmo quando notar outras coisas – sons no ambiente, sensações no corpo, pensamentos que vêm –, sempre mantenha parte da atenção na respiração.

08 Quando estiver pronto, mova-se lentamente e encerre a prática.

07 Por fim, repare na sua mente. Ela continuará produzindo pensamentos. Perceba como eles vêm e vão, mas não se fixe em nenhum. Continue notando tudo, sem se prender a nada. Mantenha a respiração como âncora durante toda a meditação.

06 Depois, repare nas sensações no seu corpo – por exemplo, dor e prazer, calor e frio, tensão e relaxamento.

05 Primeiro, repare no ambiente. Quando sons chegarem aos seus ouvidos, note como são. Perceba se lhe despertam reações e aceite-as também.

04 Você pode ficar na respiração ou escolher dar mais um passo. Para isso, abra sua consciência para o ambiente, seu corpo e sua mente, sempre mantendo a respiração como âncora. Tudo que vem é visto com consciência não julgadora.

03 Você pode observar a sensação do ar que entra e sai pelas narinas, ou como a respiração movimenta seu peito ou abdome. Ou pode contar sua respiração quando expirar, de 10 até 1, para fixar-se no presente.

"Sempre que notar que a mente se distraiu, apenas tenha consciência disso e, com suavidade, traga a atenção de volta para a respiração."

83

ATENÇÃO PLENA

ZAZEN

Apenas sentado, aqui e agora

A meditação zazen envolve concentrar-se na respiração, contemplando uma questão, afirmação ou enigma (*koan*), ou permanecer apenas sentado (*shikantaza*), como mostrado aqui. Ficar sentado não tem objetivo, é uma forma de abertura à consciência do momento presente.

POR QUE ESCOLHER ESSA TÉCNICA?

A zazen enfatiza a postura física como moldura para manter a mente no presente, aberta e consciente. No modo apenas sentado, mostrado aqui, ela ajuda a desenvolver uma consciência panorâmica da mente e da vida. Trata-se de uma meditação simples e direta, baseada na ideia de que a realidade última já é como é. Cada indivíduo já é um Buda realizado, e a prática de permanecer apenas sentado constitui apenas uma atualização de seu "estado búdico". Os passos apresentados aqui são orientações básicas para ajudar você a encontrar o estado de espírito correto para meditar.

O FUNDAMENTAL

- **Essência** Consciência panorâmica do momento presente; apenas sente-se e desapegue-se de pensamentos
- **Canal sensorial** Multicanal, respiração
- **Habilidade** Consciência, concentração
- **Tradição** Budismo, em especial o zen-budismo
- **Práticas similares** Atenção plena, vipassana

01 Sente-se em posição ereta, com as costas e o pescoço retos e sem apoio, de frente para uma parede. Deixe as mãos na posição dhyana mudra (p. 73). As orelhas devem estar alinhadas com os ombros, e o nariz, alinhado com o umbigo.

02 Encoste a língua no céu da boca e a mantenha ali. Os olhos devem ficar entreabertos, com o olhar focado no chão ou na parede.

03 Libere-se de pensamentos, numa atitude não pensante, e deixe tudo ser como é. Relaxe no agora, mantendo uma consciência panorâmica de tudo que vem à mente, sem se fixar em nada. Isso se chama entregar o corpo e a mente.

05 Não analise ou conceitualize nada. Apenas fique sentado e esteja com o que é. Quando surgirem pensamentos, deixe que passem como nuvens no céu.

06 Fique alerta: não caia no sono, não se distraia com pensamentos. Simplesmente volte a atenção para a sua postura e para a consciência panorâmica e desapegada do aqui e agora.

04 Deixe a consciência se espalhar pelo corpo, pela mente e pelo ambiente. Permita que tudo seja notado, mas não foque nem rejeite nada.

07 Permaneça sentado sem qualquer objetivo, sem pensar em alcançar nada com essa prática. Abandone qualquer expectativa ou desejo e permaneça aberto e presente para a realidade como ela é. A zazen não se destina a alcançar nada nem a ser uma experiência especial. Não é um meio para um fim.

08 Quando estiver pronto, junte as mãos e incline-se para a frente em sinal de gratidão pela prática. Sem pressa, saia da meditação.

"Não se prenda aos pensamentos e nem os reprima. Apenas note-os passivamente, de forma não julgadora."

VIPASSANA

Iluminação sobre a impermanência

A palavra "vipassana", da língua páli, significa "ver com clareza" ou "compreensão". Trata-se de uma das duas meditações budistas originais, junto com a samatha. A concentração é a base da vipassana, não seu objetivo – sua meta é iluminação, consciência e desapego.

POR QUE ESCOLHER ESSA TÉCNICA?

O alvo principal da vipassana não é acalmar e relaxar você, e sim desenvolver insights sobre a natureza de sua mente, de seu corpo e de suas sensações, ajudando você a despertar para a realidade das coisas como elas são. Com o aprofundamento da prática, ocorre uma verdadeira reestruturação da personalidade, do senso de identidade e da visão de mundo.

Como em todas as meditações, existem variações dessa técnica. A apresentada aqui é mais próxima dos ensinamentos do Movimento Vipassana, que inclui atenção plena nos pensamentos e sensações junto com a consciência da respiração. Sua ênfase está em ver os três marcos da existência – impermanência, sofrimento e não eu – em todas as coisas.

O FUNDAMENTAL

- **Essência** Buscar iluminação na natureza da mente e em todos os fenômenos, entendendo sua impermanência, e desapegar-se
- **Canal sensorial** Multicanal, respiração
- **Habilidade** Consciência
- **Tradição** Budismo
- **Práticas similares** Atenção plena, zazen, silêncio interior, nomeação dos pensamentos

01 Sentado em posição confortável, feche os olhos. Respire três vezes, profundamente, pelo nariz. Relaxe o corpo a cada expiração.

02 Foque a atenção na sensação de respirar, em especial no movimento do abdome ou do peito. Observe cada movimento da respiração com atenção plena. Após algum tempo, foque a atenção na sensação do ar passando pelas narinas. Se notar que perdeu o foco na respiração, conscientize-se do fato e retome o foco.

03 Procure no seu corpo sensações como calor ou frio, tensão ou relaxamento, leveza ou peso. Deixe a atenção repousar um pouco em cada uma delas. Observe como são impermanentes e estão em fluxo constante. Repare se as considera agradáveis, desagradáveis ou neutras, mas não reaja a elas – apenas as observe como são. Mergulhe em cada sensação e tente encontrar a essência delas.

04 Direcione sua atenção para a mente. Observe os fenômenos que ocorrem, como pensamentos, sentimentos, memórias, desejos e estados mentais. Observe-os chegar e ir embora. Evite interagir com eles ou rejeitá-los.

05 Repare em como os pensamentos são impermanentes, fugidios, e estão em fluxo constante – no momento em que se tenta agarrá-los, eles desaparecem. Dê um zoom nos pensamentos e tente encontrar a essência deles. Do mesmo modo, observe e investigue os estados gerais da sua mente – ativa ou letárgica, distraída ou serena, radiante ou sombria.

"Você está ciente dos seus pensamentos, mas não pensa os pensamentos."

06 Quando estiver pronto, comece a mexer lentamente os dedos, abra os olhos e encerre a meditação.

PRANAYAMA DA ABELHA

O som do silêncio

Pranayama é um exercício respiratório da tradição iogue que pode servir como preparação para meditar, por ter características meditativas. O pranayama da abelha (também chamado bhramari) é uma técnica que acalma a mente e volta a sua consciência para dentro de si mesmo.

POR QUE ESCOLHER ESSA TÉCNICA?

Há muitos benefícios para a saúde física e mental na prática do pranayama, incluindo a redução do estresse e da ansiedade e o alívio da raiva ou da frustração.

No pranayama da abelha, a prática se torna meditativa quando, após respirar, você ouve os sons sutis do seu corpo e da sua consciência. A vibração do som "hmm" apazigua o cérebro e o sistema nervoso, melhora a concentração e dá sensação de calma. Não pratique essa técnica se você sofre de zumbido ou infecção nos ouvidos.

01 Sentado numa postura confortável de meditação, feche os olhos.

02 Respire fundo três vezes, pelo nariz. A cada expiração, seu corpo fica mais relaxado e imóvel. Feche a boca, mas sem encostar os dentes superiores e os inferiores.

O FUNDAMENTAL

- **Essência** Exercício de respiração rítmica para acalmar corpo e mente
- **Canal sensorial** Respiração
- **Habilidade** Relaxamento, consciência
- **Tradição** Ioga, em especial a ioga do som (nada yoga)
- **Práticas similares** Respiração alternada pelas narinas

04 Inale lentamente pelo nariz, depois exale devagar fazendo um zumbido contínuo: hmm. Sinta as vibrações na cabeça e no peito. Faça isso sete vezes, depois repita mais três, agora fazendo um "hmm" mental, não audível.

05 Relaxe os braços no colo. Mantenha os olhos fechados e continue sentado. Pare de repetir o som mentalmente. Agora, tente ouvir os sons internos do seu corpo ou da sua mente. Imagine que seu corpo todo é um ouvido focado no seu interior.

03 Tampe os ouvidos com os polegares ou indicadores. Mantenha os cotovelos elevados (à esquerda, abaixo).

06 Talvez você ouça um zumbido, as batidas do coração ou apenas silêncio. Não importa. Se ouvir qualquer som, concentre-se nele. Se não, apenas fique imóvel, sem expectativas e com paciência infinita.

07 Preste atenção ao corpo. Sinta o contato dele com o chão, banquinho ou cadeira. Concentre a atenção na respiração, sem alterá-la. Quando estiver pronto, mova-se lentamente, abra os olhos e termine a meditação.

"Não se trata de ouvir ou não algum som — o que vale é desenvolver a receptividade."

KINHIN

Caminhada zen

Kinhin, também conhecida como "caminhar zen", é uma forma dinâmica de meditação na qual se deve manter o foco na respiração, em sincronia com cada passo. Apenas uma pequena parte da consciência repara no ambiente.

POR QUE ESCOLHER ESSA TÉCNICA?
Como técnica de meditação mais ativa, a kinhin é especialmente boa para pessoas que não conseguem ficar sentadas e imóveis. Também é bastante popular em retiros de meditação, pois permite que as pernas descansem entre sessões sentadas.

Em algumas linhas zen, o caminhar é bem lento (meio passo a cada respiração completa), em outras, muito mais rápido (vários passos a cada respiração). O método apresentado aqui é o lento, mas você pode experimentar outros ritmos e outras velocidades, para ver como afetam a mente.

O FUNDAMENTAL

- **Essência** Caminhar meditando com foco na respiração profunda
- **Canal sensorial** Respiração, corpo e sensação
- **Habilidade** Concentração
- **Tradição** Budismo, principalmente o zen
- **Práticas similares** Zazen, atenção plena, tai chi

---

01 De pé, ereto, com os pés afastados na largura dos quadris, distribua o peso do corpo igualmente entre as pernas.

02 Relaxe o corpo, enquanto mantém a posição ereta. Você deve se sentir firme, mas relaxado.

03 Coloque as mãos na posição *shashu* (página ao lado).

04 Imagine que o topo da cabeça está sendo puxado por um fio na direção do céu. Isso o ajudará a manter o pescoço reto.

"Mantenha o corpo alinhado, estável e ereto durante toda a prática."

05 Olhe 1,5-1,8 metro à frente, sem focar nada em particular. Relaxe os músculos da face, dos ombros e dos quadris.

06 Quando soltar o ar, dê meio passo à frente, começando com o pé direito (abaixo). Concentre-se na respiração e nos passos.

07 Como na meditação sentada, deixe os pensamentos virem e irem, mas continue a trazer a atenção de volta para a respiração. Quando estiver pronto, curve-se lentamente em respeito à prática, erga os olhos e volte a andar normalmente.

Feche a mão esquerda, curvando os dedos sobre o polegar.

Use a mão direita para envolver a esquerda, de modo que o polegar direito pouse perto da base do esquerdo.

Afaste os cotovelos do corpo, para que formem uma linha e os antebraços fiquem paralelos ao chão.

Coloque as mãos perto do umbigo ou no centro do peito.

Princípios da postura
Siga as orientações acima para adotar a posição (mudra) *shashu* das mãos. Sinta-se firme, ereto, relaxado e confortável (p. 67).

Dê meio passo à frente de cada vez, com o calcanhar ocupando a posição prévia dos dedos dos pés.

IOGA NIDRA

Varredura corporal e relaxamento profundo

Baseada numa prática tântrica, essa variação da ioga usa a visualização e uma varredura corporal para que se alcance um estado de relaxamento profundo. Ouvir um áudio de meditação guiada pode ajudar a praticá-la.

POR QUE ESCOLHER ESSA TÉCNICA?

O alvo da ioga nidra é acabar com qualquer tensão (seja muscular, emocional ou mental), desenvolver consciência dos estados inconscientes da mente e prepará-la para os estágios da meditação profunda. Busca também trazer transformação pessoal ao plantar uma resolução (*sankalpa*) no subconsciente. Antes de começar, escolha a sua resolução – uma sentença curta, clara, afirmativa, expressando um compromisso que você assume para sua vida. É bom usar a mesma frase até ver a resolução cumprida.

01 Deite com as costas e o pescoço alinhados, pés afastados na largura dos quadris, braços estendidos, palma das mãos para cima. Você pode colocar uma almofada fina sob o pescoço e uma manta sobre o corpo. Depois, feche os olhos e entregue seu corpo ao chão. Tenha como intuito ficar acordado e manter o corpo imóvel.

02 Repare nos sons à sua volta por alguns instantes. Fique com cada som por alguns segundos, sem julgá-lo, depois passe para outro.

O FUNDAMENTAL

- **Essência** Meditação deitada que envolve uma varredura corporal, a escolha de uma resolução e visualizações
- **Canal sensorial** Corpo e sensação
- **Habilidade** Relaxamento, consciência
- **Tradição** Ioga
- **Práticas similares** Atenção plena, minimeditação 1

"A resolução entrará fundo na sua mente subconsciente, então escolha com cuidado."

03 Tome consciência do contato do seu corpo com o chão: calcanhares, panturrilhas, nádegas, costas, braços, cabeça.

04 Repita mentalmente, três vezes, a sua resolução. Repita devagar, com intenção e convicção. Deixe que ela penetre fundo em você.

05 Foque a consciência em cada parte do seu corpo, uma por uma, dizendo mentalmente o nome dela e "sentindo-a" por 2-3 segundos. Por exemplo, comece com os dedos do pé direito, depois vá para a sola e para o peito do pé, para o calcanhar, o tornozelo, a panturrilha, o joelho, a coxa e a nádega. Faça o mesmo com o pé e a perna esquerda.

06 Siga o processo subindo para abdome, peito, costas, cada mão e cada braço, pescoço, cabeça e rosto. Depois, conscientize-se das partes maiores do corpo: as duas pernas juntas, o tronco, braços e mãos juntas. Por fim, foque a consciência no seu corpo como um todo.

07 Traga o foco de volta para a respiração. Observe o ritmo dela, depois conte respirações de 20 até 1. A seguir, fale sua resolução três vezes, com intenção e convicção.

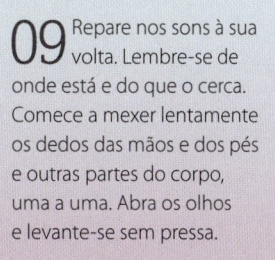

08 Quando estiver pronto, volte a focar a consciência no contato do seu corpo com o chão. Note como a respiração move seu corpo. Aprofunde um pouco a respiração e perceba como ela dá movimento ao corpo.

09 Repare nos sons à sua volta. Lembre-se de onde está e do que o cerca. Comece a mexer lentamente os dedos das mãos e dos pés e outras partes do corpo, uma a uma. Abra os olhos e levante-se sem pressa.

ÁSSANAS DA IOGA

Quietude a cada postura

Muita gente pensa que a ioga se resume a alongamentos e posturas elaboradas, ou ássanas. Mas os ássanas podem ser, por si sós, uma forma dinâmica de meditação. São bons para meditações rápidas ou como preparação para práticas sentadas.

POR QUE ESCOLHER ESSA TÉCNICA?

Os ássanas da ioga funcionam bem para pessoas bastante conectadas ao próprio corpo, de natureza mais dinâmica e que não gostam de ficar paradas sentadas. Comece com os ássanas mais fáceis, como os mostrados aqui; eles ajudam a relaxar e ter foco. Em cada postura você também pratica elementos-chave da meditação – concentração, consciência e relaxamento.

Para praticar os ássanas como meditação, concentre atenção total no corpo e na respiração e troque de postura lenta e atentamente. Na postura final, relaxe profundamente e fique imóvel, sem rigidez ou tensão, por alguns minutos caso esteja praticando um ou dois ássanas, ou no mínimo 60 segundos se estiver praticando mais. Se tiver problemas de saúde, primeiro consulte um médico.

O FUNDAMENTAL

- **Essência** Aprender a relaxar profundamente e encontrar quietude em cada postura
- **Canal sensorial** Corpo e sensação, respiração
- **Habilidade** Relaxamento, consciência
- **Tradição** Ioga
- **Práticas similares** Tai chi, kinhin

01 De pé, corpo ereto, foque o olhar num ponto à sua frente. Isso facilita o equilíbrio e a concentração.

02 Dobre uma perna e apoie a sola do pé na lateral da panturrilha. Para dificultar o ássana, apoie o pé na parte interna da coxa.

03 Junte as mãos à frente do peito. Se isso for muito fácil, erga as mãos unidas acima da cabeça.

04 Relaxe na postura final e mantenha os olhos focados. Como objeto de concentração você pode focar: o ponto que escolheu para olhar; a consciência do seu corpo e da respiração; o ponto entre as sobrancelhas (chacra do terceiro olho).

POSTURA DA ÁRVORE (*vrikshasana*)
Equilibrar-se nesse ássana ajuda a se concentrar, por isso se achá-lo fácil demais, ajuste a postura para torná-lo mais difícil (acima). Para ter equilíbrio você também precisa de relaxamento, consciência e tranquilidade mental – e tudo isso ajuda a sua meditação.

01 Deite de bruços com o corpo reto.

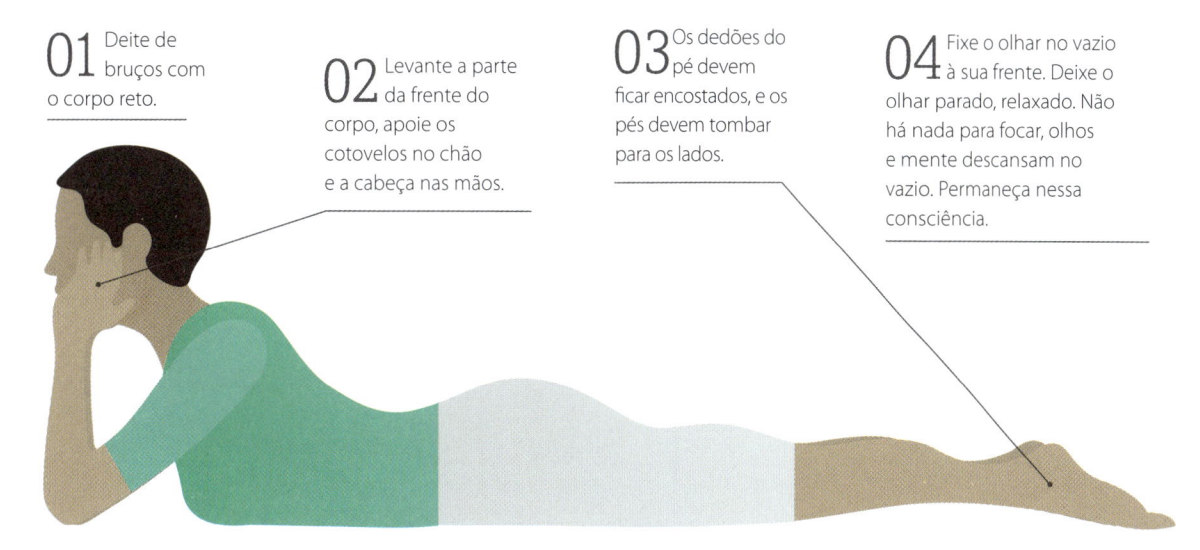

02 Levante a parte da frente do corpo, apoie os cotovelos no chão e a cabeça nas mãos.

03 Os dedões do pé devem ficar encostados, e os pés devem tombar para os lados.

04 Fixe o olhar no vazio à sua frente. Deixe o olhar parado, relaxado. Não há nada para focar, olhos e mente descansam no vazio. Permaneça nessa consciência.

POSTURA DO CROCODILO (*Makarasana*)
Para desenvolver a consciência nessa postura, concentre-se em "apenas ser" enquanto mantém a mente aberta e solta. Para relaxar, foque o corpo e sinta os músculos se alongarem e relaxarem.

01 Ajoelhe no chão e sente-se nos calcanhares, pernas e joelhos unidos.

02 Incline o tronco para a frente, até que a testa encoste no chão.

03 Estenda os braços ao longo das pernas, mãos com as palmas para cima e junto dos pés.

04 Feche os olhos. Relaxe ombros, costas, pernas e braços.

05 Abandone as tensões. Sempre que soltar o ar, relaxe ainda mais.

POSTURA DA CRIANÇA (*balasana*)
Essa é uma postura muito relaxante que ajuda a levar a consciência para dentro de si, aliviando estresse e ansiedade.

TAI CHI

Abraçar uma árvore

O tai chi (*taijiquan*) é uma arte marcial chinesa de origem taoista. Inicialmente praticado como autodefesa, é usada hoje para cultivar a boa saúde e a harmonia mente-corpo. A posição conhecida como "abraçar a árvore" (*zhan zhuang*) é boa para meditar.

POR QUE ESCOLHER ESSA TÉCNICA?

Os movimentos lentos e concentrados do tai chi aliviam o estresse, desenvolvem clareza mental e ajudam a experimentar uma sensação de calma e fluidez nos movimentos. O tai chi também possibilita a consciência corporal e melhora a flexibilidade e o equilíbrio.

A posição conhecida como "abraçar a árvore" promove a saúde, aumenta o poder interno e melhora o fluxo de energia (*qi*) no corpo. É necessário prestar atenção em muitas coisas, o que ajuda a focar o presente. Você pode ficar nessa postura por 1-10 minutos. Mantendo-se imóvel por um tempo enquanto se concentra na respiração, experimentará uma sensação de vitalidade. O corpo pode se sentir tão equilibrado, firme e pleno que você não tem vontade de mexer um único músculo. E aí residem a paz, a clareza e maior força interior.

03 Mantenha a coluna e o pescoço eretos. Imagine que uma linha invisível está puxando o topo da cabeça para o alto.

02 Dobre um pouco os joelhos, sem ultrapassar a linha dos dedos dos pés. Incline de leve os quadris para trás, para que a região lombar fique suavemente arredondada.

01 Fique de pé com as pernas afastadas na largura dos quadris, pés paralelos com os dedos apontados para a frente. Estique os dedos dos pés como se fosse segurar o chão com eles.

O FUNDAMENTAL

- **Essência** Manter uma postura firme e equilibrada para aquietar e equilibrar a mente
- **Canal sensorial** Corpo e sensação, respiração
- **Habilidade** Relaxamento
- **Tradição** Taoismo
- **Práticas similares** Ássanas da ioga, kinhin

"Corpo e mente estão a um só tempo leves e equilibrados, relaxados e alertas."

04 Fique com os olhos abertos ou fechados; mas o melhor é mantê-los semiabertos, com o olhar relaxado voltado para a frente.

05 Conserve a boca fechada, dentes superiores e inferiores afastados. Respire pelo nariz.

06 Erga os braços na altura dos ombros e deixe-os numa posição arredondada, como se segurasse uma bola grande ou abraçasse uma árvore. As pontas dos dedos devem apontar umas para as outras.

07 Sinta-se "arredondado", firme e relaxado nessa postura. Procure pontos de tensão, desequilíbrio, ângulos agudos, e corrija-os. Depois, fique totalmente imóvel, como uma árvore. Relaxe, soltando toda a tensão – seja física, mental ou emocional.

08 Sinta o peso do corpo descendo pelas pernas até o chão. Imagine as pernas e os pés em conexão profunda com o solo.

09 Foque a atenção no corpo todo. Cheque seu corpo, certificando-se de que todos os pontos da postura estão corretos e de que sua atitude mental é correta.

10 Com o tempo, a atenção permanecerá só no corpo, relaxando no momento presente. Com a mente concentrada no corpo, e com o corpo quieto e equilibrado, a mente também ficará quieta e equilibrada.

TAI CHI

NEIGUAN

Uma exploração interna do corpo

Criada por volta do século VII ou VIII, a neiguan é uma das cinco principais práticas taoistas de meditação. Trata-se de um exercício elaborado, que envolve visualizar e "sentir" seu corpo por dentro. A técnica mostrada aqui é uma adaptação simplificada.

POR QUE ESCOLHER ESSA TÉCNICA?

Na neiguan, você sente e visualiza os cinco órgãos principais da medicina chinesa tradicional, cada um deles ligado a uma cor, uma emoção e aos cinco elementos da filosofia chinesa. O resultado é que a neiguan ajuda a se conectar com seu corpo de modo profundo. Se nenhuma imagem específica surgir na sua mente, apenas mantenha o intuito de querer ver algo. Você pode praticar essa técnica sozinho, mas se quiser aprofundá-la, é melhor se unir a um grupo taoista.

02 Passe 1 minuto focando a atenção no corpo. Permita que a mente se aquiete também. Depois, comece a sentir seu corpo por dentro. Gaste uns 2 minutos desenvolvendo sua sensibilidade, então abra o "olho da mente" para poder sentir e enxergar o interior do seu corpo.

01 Sente-se numa postura confortável. Feche os olhos e respire fundo pelo nariz, três vezes. Deixe o corpo relaxar e aquietar-se cada vez que expirar.

O FUNDAMENTAL

- **Essência** Visualizar e sentir o corpo por dentro
- **Canal sensorial** Corpo e sensação, visualização
- **Habilidade** Consciência
- **Tradição** Taoismo
- **Práticas similares** Visualização, ioga nidra, kundalini

"Não pense muito em cada passo. Pratique com a mente aberta."

03 Mova a consciência por seus órgãos, começando pelo coração. Ao focar cada órgão, envie gratidão a ele. O coração está ligado ao elemento fogo, à cor vermelha e à excitação. Tente sentir essas conexões e livre-se de qualquer sensação de excitação.

04 Mude o foco para os pulmões, conectados ao elemento metal, à cor branca ou prata e à tristeza. Sinta essas conexões e desapegue-se de qualquer sensação de tristeza.

05 Foque a atenção no baço, conectado ao elemento terra, à cor amarela e à preocupação. Sinta essas conexões e libere-se de qualquer preocupação.

06 Leve sua atenção para os rins, conectados ao elemento água, à cor azul e ao medo. Sinta essas conexões e livre-se de qualquer sensação de medo.

07 Foque agora o fígado, conectado ao elemento madeira, à cor verde e à raiva. Sinta essas conexões e desapegue-se de qualquer sensação de raiva.

08 Torne-se consciente de seu corpo como um todo, por dentro e por fora. Aprecie a vida abrigada no seu corpo e como tudo funciona bem, apesar da complexidade. Quando estiver pronto, mexa lentamente os dedos e abra os olhos.

KUNDALINI

O poder da serpente e os chacras

Kundalini refere-se à energia psicoespiritual que reside na base da coluna, onde fica o primeiro chacra (*muladhara*), ou chacra raiz. Aqui, você move sua consciência pelos chacras, seguindo um mantra e uma visualização específicos para cada um deles.

POR QUE ESCOLHER ESSA TÉCNICA?

Kundalini significa "espiral", e sua representação é uma cobra enrolada. O objetivo da prática é purificar o corpo e a mente, ativar e purificar os chacras (centros de energia), acordar a energia kundalini e fazê-la subir por todos os chacras até chegar ao sétimo, ou chacra da coroa. A meditação mostrada aqui é uma versão simplificada das várias práticas da kundalini. Por tradição, essa é uma arte complexa, e o ideal é procurar a orientação de um especialista antes de praticá-la. Fora isso, faça sessões curtas e interrompa a prática se sentir efeitos negativos.

04 Foque o terceiro chacra (*manipura*), ou chacra do **PLEXO SOLAR**. Visualize ali um brilhante sol amarelo. Repita o mantra "ram".

03 Foque o segundo chacra (*svadhisthana*), ou chacra do **SACRO**. Visualize ali uma lua crescente. Repita o mantra "vam".

01 Sente-se numa postura de meditação confortável. Feche os olhos e respire três vezes, profundamente, pelo nariz. Quando soltar o ar, deixe o corpo relaxar e aquietar-se. Concentre-se no corpo todo por alguns minutos, até a mente se acalmar de vez.

02 Foque o primeiro chacra (*muladhara*), ou chacra **RAIZ**. Visualize ali um triângulo invertido vermelho. Repita o mantra "lam".

O FUNDAMENTAL

- **Essência** Mover a mente pelos diferentes chacras do corpo; inclui uso de visualizações e mantras
- **Canal sensorial** Corpo e sensação, visão, audição
- **Habilidade** Concentração
- **Tradição** Ioga, em especial tantra ioga e kriya ioga
- **Práticas similares** Meditação do terceiro olho, mantra, visualização

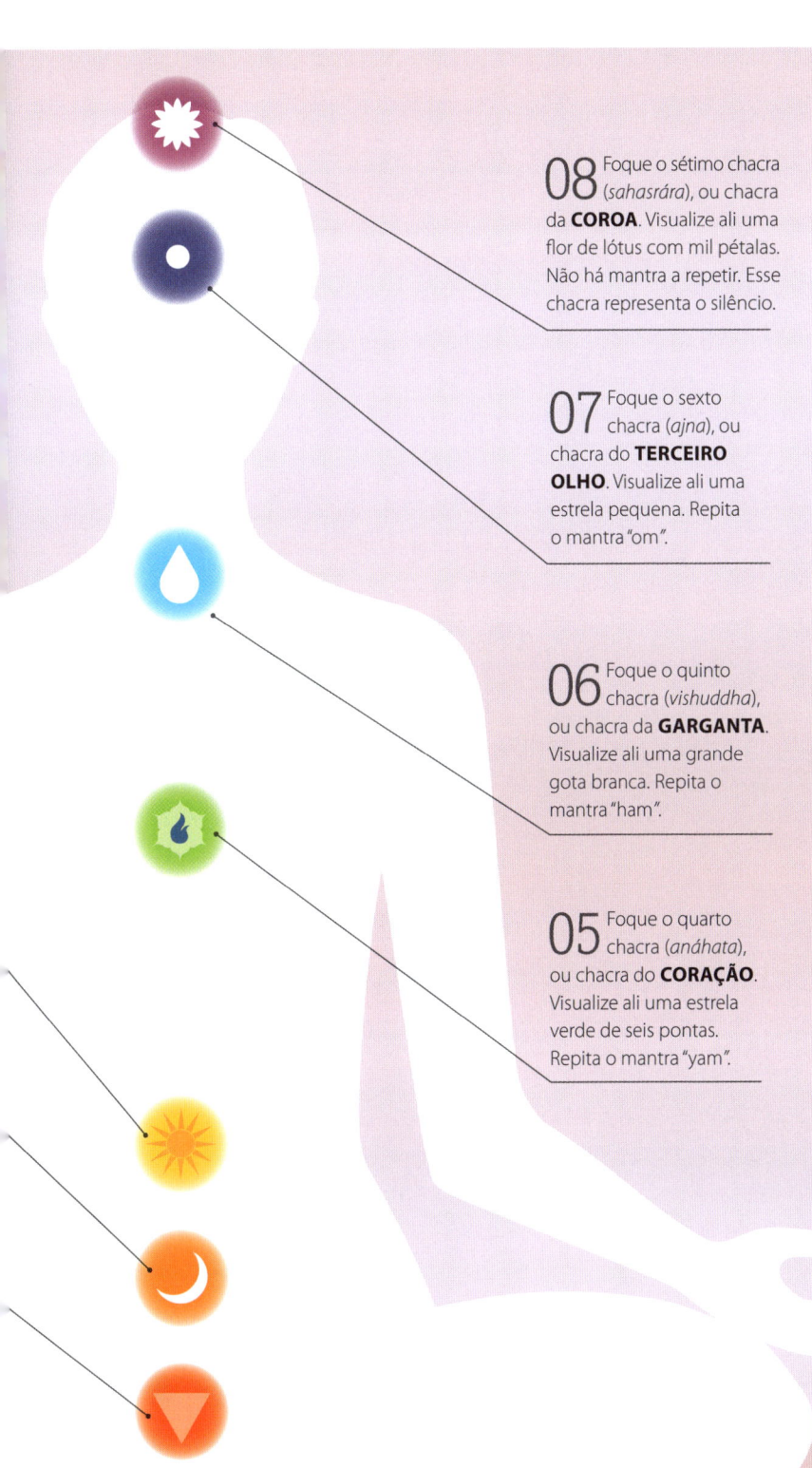

08 Foque o sétimo chacra (*sahasrára*), ou chacra da **COROA**. Visualize ali uma flor de lótus com mil pétalas. Não há mantra a repetir. Esse chacra representa o silêncio.

09 Lentamente, leve sua atenção de volta para o chacra raiz, passando por todos os outros chacras, enquanto repete os mantras correspondentes três vezes.

07 Foque o sexto chacra (*ajna*), ou chacra do **TERCEIRO OLHO**. Visualize ali uma estrela pequena. Repita o mantra "om".

10 Conscientize-se do seu corpo e do movimento da respiração por alguns instantes. Então, mova lentamente os dedos, abra os olhos e encerre a prática.

06 Foque o quinto chacra (*vishuddha*), ou chacra da **GARGANTA**. Visualize ali uma grande gota branca. Repita o mantra "ham".

05 Foque o quarto chacra (*anáhata*), ou chacra do **CORAÇÃO**. Visualize ali uma estrela verde de seis pontas. Repita o mantra "yam".

TRÁTAKA

O poder do olhar

Olhar fixamente, sem mover as pupilas, é um jeito intenso de aquietar a mente e desenvolver a concentração. Assim como meditar com mantra e com respiração, a meditação com o olhar é encontrada em muitas tradições meditativas. A técnica apresentada aqui, da tradição iogue, usa uma vela como objeto de concentração.

01 Numa sala escura, coloque uma vela acesa cerca de 60 cm à sua frente, na altura dos olhos. Certifique-se de que ela esteja firme e de que não haja correntes de ar. Sente-se quieto numa postura confortável e feche os olhos.

02 Respire três vezes profundamente, pelo nariz. A cada expiração, seu corpo parado fica mais relaxado.

03 Quando estiver bem relaxado, abra lentamente os olhos e mire o alto da chama. Relaxe os músculos dos olhos e mantenha-os fixos.

"Não se concentre em não piscar. Tenha como intuito deixar os olhos relaxados e quietos."

POR QUE ESCOLHER ESSA TÉCNICA?

A trátaka desenvolve concentração, foco e visualização. É uma boa base para outras práticas. É mais fácil focar objetos luminosos, como uma vela ou a Lua. Mas você pode escolher qualquer outra coisa, a exemplo de um ponto na parede, um quadro, uma folha. Se praticar com um objeto luminoso, interrompa as sessões depois de 2 meses e descanse os olhos por 1-2 meses. Nesse meio-tempo, pratique a trátaka com um objeto não luminoso. Evite usar uma vela se tiver catarata, glaucoma, miopia, astigmatismo ou epilepsia.

O FUNDAMENTAL

- **Essência** Olhar fixamente para um objeto, em geral a chama de uma vela
- **Canal sensorial** Visão
- **Habilidade** Concentração
- **Tradição** ioga
- **Práticas similares** Minimeditação 2, meditação do terceiro olho

04 Concentre-se na chama. Mente e olhos são um só. Sinta que a chama é tudo o que existe no Universo.

05 Feche os olhos após 3 minutos ou antes, se senti-los cansados. Com os olhos fechados, continue a "olhar" na mesma direção. Talvez você veja uma imagem residual da vela. Se isso ocorrer, foque essa imagem.

06 Se a imagem residual se mover, não a siga. Continue a olhar para o centro com o intuito de vê-la ali. Se a imagem sumir, continue a olhar para onde ela estava. Talvez ela volte.

07 Fique tranquilo se não vir nada ou se a imagem residual desaparecer rapidamente. Apenas continue a olhar a tela escura da sua mente e preste atenção no que aparecer nela.

08 Quando os olhos estiverem descansados e você não vir mais a imagem residual, abra-os e complete um novo ciclo de olhar para a chama e para dentro de si.

09 Para terminar, esfregue uma mão na outra e depois, posicionando-as em forma de concha, cubra os olhos fechados. Comece olhando para baixo e abra os olhos lentamente. Deixe o olhar repousar no vazio por um instante e encerre a meditação.

TRÁTAKA

VISUALIZAÇÃO

Ver com os olhos fechados

A habilidade de projetar e enxergar formas na "tela" de sua mente pode ser um desafio, mas constitui um jeito bastante eficaz de desenvolver a concentração. Ela é usada como técnica de meditação em muitas tradições contemplativas.

POR QUE ESCOLHER ESSA TÉCNICA?
Práticas de visualização fortalecem a concentração e melhoram a memória e a criatividade. Pode levar algum tempo para você sentir que fez progressos, mas, assim que dominar a técnica, as imagens mentais que criar parecerão tão reais e nítidas quanto as que você vê de olhos abertos.

Essa meditação pode ser feita em qualquer lugar, em qualquer postura, mas talvez você ache mais fácil se concentrar sentado em postura de meditação, reservando 1-2 minutos para relaxar o corpo e acalmar a respiração.

O FUNDAMENTAL

- **Essência** Criar e manter imagens mentais
- **Canal sensorial** Visão
- **Habilidade** Concentração
- **Tradição** Várias, incluindo budismo tibetano, ioga e taoismo
- **Práticas similares** Meditação do terceiro olho, kundalini, expansão da consciência

> *"Quanto mais o corpo e a mente estão relaxados, mais fácil é criar imagens duradouras."*

CENÁRIO

Aqui, adicione mais imagens, aos poucos, à visualização. Ajuda escolher um cenário sem muitos objetos.

01 Abra os olhos e observe por 1 minuto um objeto no seu campo de visão.

02 Feche os olhos e tente visualizar o objeto, no mesmo tamanho e posição, na tela da mente. Tente mantê-lo na tela por 1 minuto.

03 Repita o processo mais duas vezes. A cada vez, acrescente mais detalhes, cor e definição.

04 Mantendo essa primeira visualização, comece a colocar mais objetos na tela mental. Tente introduzir o novo objeto ao lado do primeiro ou um pouco atrás dele.

05 Componha gradualmente uma imagem mental de tudo que vê com os olhos abertos.

06 Para terminar, traga a atenção de volta para o seu corpo todo. Observe sua respiração por alguns instantes, saia lentamente da postura e abra os olhos.

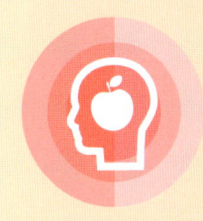

LEMBRANÇA

Nessa meditação, reviva mentalmente um evento passado, adicionando o maior número possível de detalhes.

01 Feche os olhos e pense em algo que aconteceu com você hoje.

02 Tente visualizar o evento na tela mental. Pense nele como se visse um filme, cena por cena.

03 Veja as pessoas que estavam lá, visualize as roupas e expressões faciais delas.

04 Repare nos objetos e na iluminação do ambiente. Veja-se como parte da ação, observe sua postura corporal, suas roupas.

05 Passe alguns momentos compondo o evento mentalmente e tente mantê-lo ali como uma única cena. Não pense se está fazendo isso do jeito certo ou não.

06 Para terminar, traga a atenção de volta para o seu corpo todo. Observe sua respiração por alguns instantes, saia lentamente da postura e abra os olhos.

LOUSA MENTAL

Visualize uma lousa e, mentalmente, escreva nela. Lembre-se de manter a mente calma e relaxada.

01 Feche os olhos e imagine uma lousa. Escreva palavras ou números nela – qualquer coisa que desejar. Faça isso por uns 5 minutos.

02 Depois, comece a escrever frases. Pode ser uma citação de que goste, um dos seus pensamentos ou a narrativa de algo que lhe aconteceu.

03 Para terminar, traga a atenção de volta para o seu corpo todo. Observe sua respiração por alguns instantes, saia lentamente da postura e abra os olhos.

MEDITAÇÃO COM MANDALA

Símbolos para a mente subconsciente

Uma mandala, como esta à direita, é um símbolo geométrico usado nas meditações iogue e budista para contornar a mente consciente e evocar experiências, sentimentos e *insights* do subconsciente.

POR QUE ESCOLHER ESSA TÉCNICA?
Acredita-se que, ao acessar a mente subconsciente, a meditação com mandala integra camadas profundas da personalidade à vida consciente e livra seus praticantes de memórias reprimidas.

Ao escolher uma mandala, selecione a que mais chamar sua atenção. Se achar difícil visualizar mandalas com os olhos fechados, saiba que desenhar ou colorir mandalas – à mão livre ou usando um modelo – é um treino útil, além de um exercício contemplativo.

03 Quando se sentir calmo e centrado, abra os olhos e olhe para a mandala. Observe as linhas e objetos nela. Explore seus cantos. Aprecie cores, formas e padrões.

02 Feche os olhos por um momento e respire algumas vezes, relaxando o corpo ao soltar o ar.

01 Sente-se em uma postura de meditação confortável, olhando para a mandala. Você pode segurá-la na mão, numa folha de papel, ou pendurá-la na parede.

O FUNDAMENTAL

- **Essência** Contemplar símbolos sagrados é um jeito de acessar a mente subconsciente
- **Canal sensorial** Visão, mente
- **Habilidade** Consciência
- **Tradição** Ioga, budismo
- **Práticas similares** ioga nidra, kundalini, trátaka

"Não tente entender ou interpretar a mandala: apenas explore-a com curiosidade e encantamento."

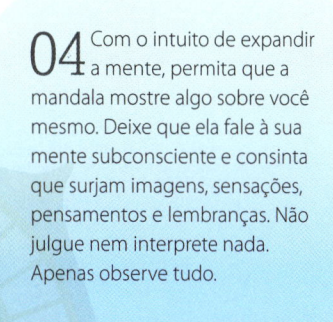

04 Com o intuito de expandir a mente, permita que a mandala mostre algo sobre você mesmo. Deixe que ela fale à sua mente subconsciente e consinta que surjam imagens, sensações, pensamentos e lembranças. Não julgue nem interprete nada. Apenas observe tudo.

05 Uma continuação opcional da meditação é fixar o olhar no centro da mandala. Isso torna a prática mais intensa e fortalece a concentração. Sempre que os olhos se cansarem, feche-os por um instante para que descansem, depois volte a olhar para a mandala.

06 Quando estiver pronto, feche os olhos e traga sua consciência de volta para o seu corpo. Sinta seu corpo como um todo. Observe o padrão da respiração. A seguir, abra os olhos e termine a meditação.

MEDITAÇÕES DO TERCEIRO OLHO

Uma porta para a supraconsciência

Dos sete chacras (centros de energia) principais do corpo, o sexto (*ajna*), ou chacra do terceiro olho, é o mais comumente usado na meditação. As técnicas mostradas aqui cobrem jeitos diferentes de focar a atenção nesse centro.

POR QUE ESCOLHER ESSA TÉCNICA?

Meditar com foco no terceiro olho está tradicionalmente associado a discernimento, sabedoria, controle da mente, força de vontade, despertar da intuição, estados alterados da consciência, transcendência do ego e pureza. Quer se acredite na existência do terceiro olho, quer se considere que ele é simbólico, muitas pessoas sentem que essas meditações têm um efeito poderoso sobre a mente.

Não erga nem force demais os olhos, isso pode provocar dor de cabeça. Se alguma destas técnicas causar experiências desagradáveis ou confusas, consulte um professor de meditação.

O FUNDAMENTAL

- **Essência** Focar a mente e os olhos no espaço entre as sobrancelhas, com o acompanhamento de visualizações específicas, mantras e padrões de respiração
- **Canal sensorial** Visão, corpo e sensação, som, respiração
- **Habilidade** Concentração
- **Tradição** Ioga
- **Práticas similares** Kundalini, trátaka, mantra, visualização

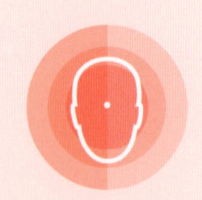

SENTIR E OLHAR

Olhar interiormente para o terceiro olho é a mais sutil das técnicas mostradas aqui – e a mais desafiadora.

01 Sente-se numa postura confortável e feche os olhos. Respire fundo, três vezes, pelo nariz. Relaxe o corpo ao soltar o ar.

02 Lamba um dedo e pressione-o entre as sobrancelhas por alguns segundos para sensibilizar a área.

03 Foque a mente, internamente, no terceiro olho. Passe alguns minutos apenas sentindo a área, como se toda a sua consciência só existisse nesse ponto.

04 Sem abrir os olhos, mexa-os como se fosse olhar para o terceiro olho pelo lado de dentro.

05 Mantenha os olhos parados, ligeiramente para cima e na direção do centro. Isso ajuda a acalmar e interiorizar a mente. Não force nem erga demais os olhos.

06 Mantenha a sua consciência ali, sentindo o ponto e olhando-o.

"Libere os pensamentos e imagens que surgirem e volte a atenção para a prática."

VISUALIZAÇÃO

Se você for mais do tipo visual, pode usar a visualização para concentrar a atenção no terceiro olho.

01 Sente-se numa postura confortável e feche os olhos. Respire fundo, três vezes, pelo nariz. Relaxe o corpo ao soltar o ar.

02 Lamba um dedo e pressione-o entre as sobrancelhas por alguns segundos para sensibilizar a área.

03 Foque a mente, internamente, no terceiro olho. Passe alguns minutos apenas sentindo a área, como se toda a sua consciência só existisse nesse ponto.

04 Visualize uma estrela pequena em frente ao ponto entre suas sobrancelhas – uma estrela brilhante em meio à escuridão. Ou visualize o Sol brilhando no horizonte.

05 Se a imagem se mover ou se dissipar, estabilize-a. Se não conseguir visualizar nada, apenas idealize a imagem ali, sinta a presença dela.

MANTRA

Nessa técnica você "sente" uma pulsação no terceiro olho, em sincronia com um mantra que ajuda a focar a atenção ali.

01 Sente-se numa postura confortável e feche os olhos. Respire fundo, três vezes, pelo nariz. Relaxe o corpo ao soltar o ar.

02 Lamba um dedo e pressione-o entre as sobrancelhas por alguns segundos para sensibilizar a área.

03 Foque a mente, internamente, no terceiro olho. Passe alguns minutos apenas sentindo a área, como se toda a sua consciência só existisse nesse ponto.

04 Tente sentir uma leve pulsação no ponto do terceiro olho. Se depois de alguns minutos ainda não notar nada, imagine a sensação da pulsação ali.

05 Repita mentalmente o mantra "om", enquanto foca o terceiro olho, em sincronia com a pulsação.

RESPIRAÇÃO

Essa técnica usa a respiração e a imaginação para canalizar o foco para o terceiro olho.

01 Sente-se numa postura confortável e feche os olhos. Respire fundo, três vezes, pelo nariz. Relaxe o corpo ao soltar o ar.

02 Lamba um dedo e pressione-o entre as sobrancelhas por alguns segundos para sensibilizar a área.

03 Foque a mente, internamente, no terceiro olho. Passe alguns minutos apenas sentindo a área, como se toda a sua consciência só existisse nesse ponto.

04 Concentre-se na respiração, no ar passando pelas narinas. Sua consciência deve acompanhar a respiração.

05 Ao respirar, sinta o ar e a sua atenção consciente atravessando as narinas, em direção ao terceiro olho. Concentre-se nisso por um momento.

06 Ao expirar, sinta o ar e a sua atenção consciente indo do terceiro olho até as narinas.

MANTRA

Cantiga de ninar para a mente

Um mantra é uma palavra, sílaba ou frase curta, repetida em voz alta, em sussurros ou, ainda, mentalmente. Como a respiração, mantras são uma das ferramentas mais conhecidas da meditação e estão presentes em várias tradições.

POR QUE ESCOLHER ESSA TÉCNICA?

Entoar mantras é um modo eficaz de meditar, em especial para iniciantes, pois com facilidade esses sons trazem à mente uma sensação de calma, segurança e homogeneidade. Como mantras e pensamentos usam a forma de palavras, focar um mantra também ajuda a reduzir o pensamento.

Num contexto espiritual, mantras são palavras bem específicas que denotam o divino em suas formas diversas. Para uma abordagem secular, você pode escolher qualquer palavra, mas é importante que se conecte ao significado e ao som dela. Se não souber qual usar, tente "om" ou "so-ham", que são universais e têm um efeito profundamente calmante. Após escolher um mantra, ou receber um de seu professor, é melhor não trocá-lo.

Conforme repetir um mantra diariamente por vários meses, ele tende a "tocar sozinho" no plano de fundo da sua mente – nesse momento, a prática se transforma em ouvir o mantra.

O FUNDAMENTAL

- **Essência** Repetir um som, palavra ou frase para ajudar a pacificar e transformar a mente
- **Canal sensorial** Audição
- **Habilidade** Concentração, consciência
- **Tradição** Ioga, védica
- **Práticas similares** Kirtan

01 Sente-se em postura de meditação e feche os olhos. Respire fundo pelo nariz, três vezes. Relaxe o corpo cada vez que soltar o ar.

02 De olhos abertos, repita seu mantra em voz alta várias vezes, por cerca de 1 minuto. Se sua mente estiver tensa, agitada ou letárgica, passe mais tempo repetindo o mantra em voz alta.

03 Feche os olhos e continue a repetir seu mantra, mas agora sussurrando. Mova lábios e língua, mas faça o som sair tão baixo que você mal o escute. Se sua mente estiver agitada, repita o mantra mais depressa para que ele se sobreponha aos seus pensamentos. Quando sua mente se acalmar e se voltar para dentro, reduza a velocidade da repetição.

04 Repita o mantra mentalmente. Pare de mover lábios, língua, garganta. Se sua mente estiver barulhenta ou sonolenta, volte ao sussurro ou à repetição em voz alta. Se ajudar, mantenha os olhos semiabertos, mas não fixe o olhar em nada. Você também pode sincronizar o mantra com a respiração.

05 Sinta o efeito do mantra no corpo e na mente. Não deixe que ele se torne automático e sem vida, mas não se concentre demais nele. Permita que pensamentos venham, mas sempre mantenha parte da atenção no mantra.

06 Para terminar, pare com a repetição voluntária do mantra. Se ele continuar por conta própria, apenas observe-o. Depois, mexa lentamente os dedos, abra os olhos e encerre a sessão.

NOMEAÇÃO DOS PENSAMENTOS

Pondo ordem no caos

Nomear, ou observar, tudo aquilo de que temos consciência – como pensamentos, sensações e emoções – nos ajuda e estar mais presentes e atentos. Esse é um jeito de praticar vipassana (pp. 86-7).

POR QUE ESCOLHER ESSA TÉCNICA?

Dar nome aos pensamentos e sentimentos é um modo de vê-los de um jeito mais objetivo, sem reagir, e essa é uma boa forma de treinamento para técnicas como vipassana ou atenção plena. Ela ajuda a conquistar clareza quando muitos pensamentos e emoções se apresentam ao mesmo tempo, ou quando há pensamentos repetitivos, e também ajuda no autoconhecimento.

A nomeação (*labelling*) pode ser uma prática isolada, mas é igualmente uma preparação para outras meditações de monitoramento aberto, ou uma opção para quando você precisar pôr ordem no caos – por exemplo, se estiver com a mente confusa, ou quando pensamentos e sentimentos muito fortes estiverem em jogo.

O FUNDAMENTAL

- **Essência** Dar nome, mentalmente, a pensamentos e sensações
- **Canal sensorial** Mente
- **Habilidade** Consciência
- **Tradição** Budismo
- **Práticas similares** Atenção plena, vipassana, silêncio interior, mini-meditação 4

01 Você pode praticar essa técnica em qualquer posição, mas a postura de meditação sentada ajuda a aprofundar a experiência. Feche os olhos.

02 Mentalmente, comece a nomear qualquer pensamento, sensação ou emoção que predomine na consciência. Você pode usar palavras únicas e genéricas. Por exemplo, se lembrar de algo, use o nome "memória"; se tiver pensamentos aleatórios, use a palavra "pensamentos". Outros rótulos podem ser "dor", "ansiedade", "desejo" ou "frustração". Use o termo que lhe ocorrer primeiro.

03 Você pode repetir o nome para enfatizá-lo – por exemplo, "memória, memória, memória" ou "ruído, ruído". Se um pensamento – ou uma sensação – continuar, repita o nome escolhido até que ele se vá.

04 Se estiver prestando atenção na respiração, você pode usar nomes como "dentro, dentro" quando inspirar e "fora, fora" quando soltar o ar.

05 Use os nomes de forma viva e suave. Não se trata de expulsar pensamentos ou sensações, nem de agir mecanicamente. Se sua mente estiver muito agitada, talvez seja bom repetir os nomes com mais frequência.

06 Quando sua mente se aquietar, talvez você queira usar os nomes menos vezes, ou deseje parar de usá-los e apenas prestar atenção na experiência do momento presente, sem palavras.

07 Por fim, caso ainda não o tenha feito, pare de repetir os nomes e apenas experimente ter atenção no momento presente por alguns instantes. Depois, mova-se lentamente e abra os olhos.

"O intuito de nomear não é buscar a exatidão, e sim clarear, momento a momento, a consciência da sua experiência."

NOMEAÇÃO DOS PENSAMENTOS

SILÊNCIO INTERIOR

Caminho iogue para a atenção plena e o autodomínio

Baseada em práticas tântricas e desenvolvida pela Bihar School of Yoga, a técnica do silêncio interior (*antar mouna*) foca primeiro a elaboração de uma base firme de consciência e atenção, para poder introduzir a concentração e a ausência de julgamentos.

POR QUE ESCOLHER ESSA TÉCNICA?
Essa técnica é especialmente boa para quem tem a mente muito inquieta e não consegue se concentrar quando usa outras técnicas. Ela desenvolve a habilidade de observar e também de dirigir a mente, e isso acalma e põe ordem no caos. O silêncio interior fortalece a autoconsciência, a aceitação e a habilidade de observar.

O FUNDAMENTAL

- **Essência** Estar ciente de sons, sensações, pensamentos; criar pensamentos intencionalmente e cultivar o espaço além do pensamento
- **Canal sensorial** Mente, multicanal
- **Habilidade** Consciência, concentração
- **Tradição** Ioga
- **Práticas similares** Atenção plena, vipassana, nomeação de pensamentos, meditação abstrata, minimeditação 4

01 Sente-se numa postura confortável e feche os olhos. Respire fundo, três vezes, pelo nariz. Relaxe o corpo ao soltar o ar.

02 Conscientize-se dos sons que ouve. Deixe cada um chegar ao seu ouvido como ele é. Não analise nem resista. Não se fixe em som algum. Permita-se ouvir todos os sons que puder, um a um.

03 Conscientize-se das sensações. Note o frio e o quente, o leve e o pesado, a tensão e o relaxamento. Observe-os como são, sem interpretá-los. Não se fixe em nada, não resista a nada. Por fim, perceba a respiração. Repare se é profunda ou superficial, lenta ou rápida, no peito ou no abdome.

04 Leve sua consciência para a paisagem de pensamentos, sensações e imagens mentais. Observe cada movimento que ocorre ali. Tudo que surge é uma imagem na tela da consciência: você é a tela. Tudo tem permissão para ser projetado nela, seja algo positivo ou negativo. Não siga pensamento algum, seja o observador passivo de tudo.

05 Tenha consciência do que está pensando e mude de observador passivo para agente ativo. Escolha um pensamento e concentre-se nele. Não deixe que outros pensamentos o distraiam ou se ramifiquem: pense com propósito, não aleatoriamente. A seguir, descarte o pensamento. Faça isso mais duas vezes.

06 Um estágio mais avançado é focar o espaço vazio da mente, a fonte silenciosa de onde surgem todos os pensamentos e na qual eles se dissolvem. Isso é consciência. Se pensamentos ou imagens surgirem, deixe-os de lado e continue a olhar para esse espaço interior do "não pensamento".

07 Para concluir a meditação, traga a atenção de volta ao corpo e à respiração. Após um momento, mexa lentamente os dedos e abra os olhos.

"Não resista nem se apegue a nada. Não é necessário interpretar nada."

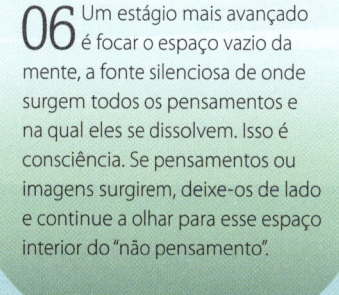

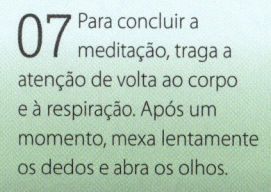

NETI NETI

Nem isso, nem aquilo

Neti neti é uma fórmula de meditação encontrada nos *Vedas*. Não é religiosa por natureza, apenas nos convida a perceber claramente um fato simples de nossa experiência: aquilo que observamos não é o que somos.

O FUNDAMENTAL

- **Essência** Recusa de identificação com o que pode ser percebido, a fim de permanecer como observador
- **Canal sensorial** Mente
- **Habilidade** Consciência
- **Tradição** Védica
- **Práticas similares** Autoinvestigação, vipassana, minimeditação 4

POR QUE ESCOLHER ESSA TÉCNICA?

Essa meditação busca esclarecer quem você é ao ajudá-lo a deixar de se identificar com tudo que você não é. Por exemplo, você sabe que não é sua camisa. Você existia antes de comprá-la e continuará a existir depois de jogá-la fora. É por isso que você diz "minha camisa" – ela é separada de você.

Embora isso pareça óbvio, não aplicamos a mesma lógica ao nosso corpo, mente, pensamentos e sentimentos. Você diz "meu corpo", "minha mente", "meus pensamentos", "meus sentimentos" e sente que pertencem a você, mas o que é esse "você" a quem eles pertencem? Você não sabe, mas ao menos pode saber o que você não é. Por exemplo, pode ter um pensamento negativo como "Não valho nada". Talvez se identifique com esse pensamento e sofra, mas esse pensamento não é você.

01 Você pode praticar essa técnica em qualquer posição, mas a postura sentada ajuda a aprofundar a experiência. Feche os olhos e respire fundo algumas vezes para aquietar-se.

02 Atente aos sons que escuta. Reconheça que são objetos na sua consciência. Diga a si mesmo:

03 Observe todas as sensações corporais que detectar. Reconheça que também são objetos na sua consciência. Repita a afirmação, trocando "sons" por "sensações".

04 Torne-se consciente de todo o seu corpo. Reconheça que ele também é um objeto na sua consciência. Repita a afirmação de novo, dessa vez a respeito do seu corpo e das mudanças de seu estado.

"Estou ciente desses sons, mas eles não são eu, não são meus. Sou a consciência observadora."

05 Observe seus pensamentos, quaisquer que sejam no momento. Eles são como sons e imagens transitando por sua consciência. Dessa vez, repita a afirmação com foco nos pensamentos.

06 Contemple do mesmo modo seus sentimentos e desejos, sua memória e personalidade. Antes de eles surgirem, você já existia. Quando desaparecerem, você continuará a existir. Você os percebe porque são objetos na sua consciência. Você é o sujeito, o observador.

07 Seu nome, os papéis que desempenha no mundo, sua identidade – contemple como essas coisas todas não são quem você é. Você está consciente delas e existia antes delas.

08 Passo a passo, desligue-se da identificação com tudo mais e ganhe clareza sobre a sua natureza verdadeira: consciência. Assim, fique com o que permanece: isso é você. Você é pura consciência, o observador consciente. Mantenha-se alguns minutos nesse lugar.

09 Para terminar a meditação, traga sua atenção de volta ao corpo por alguns minutos. Sinta seu corpo inteiro. Sinta o padrão da sua respiração. Mexa os dedos lentamente e abra os olhos.

EXPANSÃO DA CONSCIÊNCIA

Sinta o Universo

Essa meditação é um exercício de imaginação, visualização e sensação. Seu propósito é expandir o sentido do eu para além dos limites do corpo e da mente, a fim de abraçar todo o Universo. O resultado é uma sensação de libertação.

POR QUE ESCOLHER ESSA TÉCNICA?
Focar algo tão grande como o Universo tem o efeito de aquietar a mente e levar você para além do mundo intelectual, fazendo todos os seus problemas parecerem pequenos e insignificantes. Isso também propicia uma sensação de amplitude e paz interna e um senso de unidade com tudo. Essa é a base da empatia, da compaixão e da conexão verdadeiras.

Quanto maior sua habilidade para visualizar e sentir o que imagina, melhores são os efeitos dessa técnica. Mas se você prefere se sentir firme e seguro em seu corpo, talvez não goste dessa prática.

O FUNDAMENTAL

- **Essência** Expansão do sentido do eu para abranger todo o Universo
- **Canal sensorial** Mente
- **Habilidade** Consciência
- **Tradição** Muitas, em especial a tantra ioga
- **Práticas similares** Meditação abstrata, visualização, meditação sem cabeça

01 Sente-se numa postura confortável e feche os olhos. Respire fundo, três vezes, pelo nariz. Relaxe o corpo ao soltar o ar.

02 Concentre sua atenção no corpo. Sinta-o como uma unidade completa. Olhe seu corpo de fora, com o olho da mente: frente, costas, esquerda, direita, topo. Depois, olhe de todas as direções ao mesmo tempo.

03 Expanda sua consciência para a sala em que se encontra. Sinta que ela é seu novo eu. Sua consciência permeia por completo a sala inteira.

04 Expanda sua consciência para o seu bairro. Esse é o seu novo corpo – pessoas e outros seres vivos, prédios, tudo está agora dentro de você.

"Desfrute a sensação de ausência de limites, de vastidão, leveza e espaço."

05 Expanda sua consciência para a cidade toda. Depois, para o seu país. Depois, para o planeta. Seus problemas parecem menores agora? Seu senso de si mesmo aumentou? Se pensamentos surgirem, deixe-os partir e retorne à visualização.

06 Expanda sua consciência para incluir o Universo inteiro. Todos os bilhões de planetas, estrelas, galáxias, seres, luz e espaço – tudo é você agora. Permita que o seu senso de si mesmo abrace o Universo todo.

07 Você é infinito. Sinta como você é grande e espaçoso. Você está além de qualquer limitação, além de qualquer nome ou forma individual. É o observador de todo o cosmo, o observador de tudo. Fique imóvel, relaxe nessa sensação.

08 Lentamente, traga sua atenção de volta à sala. Ouça os sons no ambiente, um a um. Torne-se consciente da forma e do tamanho do seu corpo. Lembre sua posição dentro da sala, lembre se é manhã, tarde ou noite.

09 Preste atenção na respiração por alguns instantes. De modo consciente, respire mais fundo. Lentamente, mexa dedos, mãos e ombros e abra os olhos.

EXPANSÃO DA CONSCIÊNCIA

MEDITAÇÃO SEM CABEÇA

Desligue a mente pensante

Passamos boa parte da vida dentro de nossa cabeça, onde moram nossos pensamentos, memórias, frustrações, desejos e problemas. Na meditação sem cabeça, o objetivo é nos distanciarmos da mente por atuarmos mais no nível da emoção e do corpo.

POR QUE ESCOLHER ESSA TÉCNICA?

Essa meditação vem da linha da tantra ioga, que abrange muitas meditações incomuns – algumas empregam conceitos esotéricos; outras, como a mostrada aqui, usam imaginação, visualização ou sensações como objeto da prática.

Esse é um exercício simples, mas poderoso, da imaginação. Pode parecer um pouco macabro para alguns, mas outros vão considerá-lo incrivelmente liberador. A chave é deixar a imaginação correr solta e acreditar de verdade que você não tem cabeça. A prática também pode ser feita de pé, diante de um espelho, com os olhos abertos. Essa meditação só não é indicada para os que sofrem de desrealização, despersonalização ou transtorno dissociativo de identidade.

> **O FUNDAMENTAL**
> - **Essência** Imagine que você não tem cabeça e desfruta o espaço
> - **Canal sensorial** Mente
> - **Habilidade** Concentração
> - **Tradição** Ioga
> - **Práticas similares** Meditações tântricas, zazen, visualização

01 Feche os olhos e respire fundo, situando-se no momento presente.

02 Reserve cerca de 2 minutos para escanear mentalmente todo o seu corpo, da cabeça aos dedos dos pés – perna e pé esquerdos, perna e pé direitos, barriga e peito, as costas inteiras, braço e mão esquerdos, braço e mão direitos, ombros e pescoço, cabeça e rosto. Conscientize-se do seu corpo inteiro. Mantenha-o na sua consciência como uma unidade completa.

03 Imagine que você não tem cabeça. Tudo está bem com você. Você se sente presente, em paz e bem. A única coisa diferente é que o seu corpo termina acima dos ombros. Onde estariam o pescoço e a cabeça há só um espaço vazio.

> "O céu é sua cabeça: sinta esse espaço."

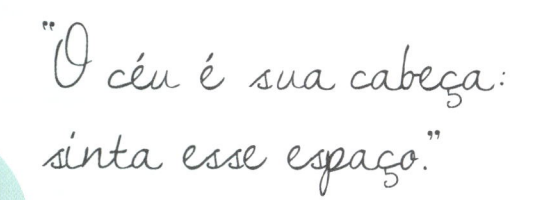

07 Lentamente, comece a mover-se, abra os olhos e termine a meditação.

06 Quando estiver pronto, visualize o corpo novamente com a cabeça, mas conserve internamente a sensação de espaço, presença e abertura.

05 Visualize-se sem cabeça. Sinta-se como se isso fosse verdade. Veja-se cuidando normalmente da vida, fazendo o que costuma fazer, mas sem cabeça. Ninguém repara que você está sem cabeça, mas você tem uma incrível sensação de paz e silêncio. Onde está o seu centro? Seu "eu"? Você sente falta dele? Fique o tempo que desejar desfrutando esse espaço.

04 Os pensamentos não têm de onde vir nem onde pousar. Tudo é espaço e ausência de limites. Seus pensamentos, seu ego, sua personalidade e suas complicações, tudo se foi. No lugar disso tudo, ficou apenas espaço: vazio, vasto, aberto.

MEDITAÇÃO ABSTRATA

Pense o impensável

Muitas linhas de meditação – incluindo o budismo tibetano e a jnana ioga – incluem formas abstratas de meditação. Em todas elas, o foco está em expandir conceitos que levam o praticante para além das limitações do ego.

POR QUE ESCOLHER ESSA TÉCNICA?

A meditação abstrata baseia-se na ideia de que a mente desenvolve as qualidades daquilo em que mais pensa. Assim, se você pensa em coisas que o aborrecem ou assustam, sua mente se torna inquieta e infeliz, mas, se contempla o espaço ou o infinito, ela se torna vasta e aberta.

Aqui o objetivo é dar à mente um pensamento de que ela goste e que seja expansivo por natureza, como a infinitude, a eternidade, o amor universal, Deus, espaço, tempo ou consciência. Experimente o que mais lhe agradar, mas, depois de escolher um conceito, trabalhe apenas com ele por algum tempo. Ler um texto curto sobre o assunto antes de meditar pode ajudar, mas, se isso deixar a sua mente discursiva e agitada, melhor não ler nada. Por fim, pense no conceito escolhido por alguns momentos ao longo do dia, para mantê-lo vivo, e permita-se ir mais fundo da próxima vez que meditar.

O FUNDAMENTAL

- **Essência** Contemplar um conceito abstrato
- **Canal sensorial** Mente
- **Habilidade** Concentração
- **Tradição** Várias
- **Práticas similares** Zazen, expansão da consciência, autoinvestigação

01 Você pode fazer essa meditação em qualquer posição, mas a postura sentada ajuda a meditar mais profundamente. Feche os olhos e respire fundo algumas vezes, situando-se no momento presente.

02 Concentre toda a sua atenção no conceito escolhido. Contemple-o em profundidade. Deixe-o permear toda a sua mente. Tente sentir o significado dele, como se fosse uma realidade sob a sua pele.

03 Não se desvie para o pensamento discursivo nem faça associações com outros pensamentos. Apenas fixe-se no seu conceito e mergulhe fundo na essência dele.

"O objetivo é ter uma experiência direta e sem palavras da realidade que está além do conceito escolhido."

05 Quando estiver pronto, traga a atenção de volta ao corpo por alguns minutos. Sinta todo o seu corpo e o seu padrão de respiração. Mexa lentamente os dedos das mãos e dos pés, depois abra os olhos.

04 Caso sua mente se distraia, repita o nome do conceito mentalmente, algumas vezes, para trazer sua atenção de volta à contemplação. Por exemplo: "infinitude, infinitude, infinitude".

MEDITAÇÃO ABSTRATA

AUTOINVESTIGAÇÃO

Quem sou eu?

A autoinvestigação (*atma-vichara*) usa a pergunta "Quem sou eu?" para isolar o "eu sou" dos pensamentos e limitações geralmente aliados ao "eu" e alcançar a sensação subjetiva da existência pura, ou "eu sou".

POR QUE ESCOLHER ESSA TÉCNICA?
"Eu sou" costuma estar ligado a pensamentos e identificações, como "sou ansioso" ou "sou professor", que mostram o ego ou a personalidade limitados. A parte essencial é o "eu sou" – esse é o elemento constante, o você verdadeiro. O "eu sou" não conhece o sofrimento, é apenas uma expansiva sensação de ser.

A maioria das técnicas pede que o praticante se concentre ou observe, para que o sujeito (o "eu" ou "eu sou") foque um objeto, como a respiração. A autoinvestigação, porém, é uma meditação não dual: o sujeito põe o foco em si mesmo ou, em outras palavras, é ele mesmo, sem um objeto.

O FUNDAMENTAL

- **Essência** Focar a concentração no observador, não no objeto
- **Canal sensorial** Mente
- **Habilidade** Concentração, consciência
- **Tradições** Védica, em especial a tradição advaita vedanta
- **Práticas similares** Neti neti

---

03 Quando você se faz uma pergunta, talvez venha o pensamento "Sou eu!". Então pergunte "Quem sou eu?" ou "O que é esse eu?".

02 Atente para os sons que escuta. Pergunte-se: "Quem sou eu que ouço esses sons?". Repare nas sensações. Pergunte-se: "Quem sou eu que sente essas sensações?". Repare nos pensamentos que surgem. Pergunte-se: "Quem sou eu que pensa tais pensamentos?". Repare na experiência como um todo. Pergunte-se: "Quem está tendo essa experiência?".

01 Sente-se numa postura confortável e feche os olhos. Respire fundo, três vezes, pelo nariz. Relaxe o corpo, mantendo-o quieto, ao soltar o ar.

"Eu sou isso, eu sou aquilo – é aí que mora o sofrimento: nesse falso eu limitado por qualificativos."

04 Rejeite as respostas que vierem, pois também serão pensamentos pensados por você. A resposta a essa pergunta não é um pensamento.

05 Leve sua atenção para longe dos pensamentos, concentre-se no pensador. O pensador é um espaço de consciência pura, de existência pura.

06 Quando encontrar a sensação de puro "eu sou", concentre nisso sua atenção. Foque o "eu sou". Relaxe no "eu sou" e liberte-se de tudo mais. Mantenha-se nessa presença ou sensação que não precisa de palavras e não tente defini-la.

07 Sempre que sua atenção se prender a pensamentos ou qualquer outra coisa, use a pergunta "Quem sou eu que pensa tais pensamentos?" para trazer sua atenção de volta ao "eu sou" puro.

08 Para concluir, traga a atenção de volta ao corpo todo. Observe sua respiração por alguns momentos, depois abra lentamente os olhos e saia da postura de meditação.

ZUOWANG

Sente-se e esqueça

Com origem no conceito taoista da não ação (*wu wei*), zuowang significa "sentado em esquecimento". Essa técnica pede que se desligue a mente, esqueça o corpo junto com tudo que o cerca e entre num espaço de silêncio inexplicável.

POR QUE ESCOLHER ESSA TÉCNICA?

Zuowang é uma prática direta, mas desafiadora, que leva o praticante a um lugar sem mente, de quietude e consciência ampla. Baseia-se no entendimento de que o padrão de funcionamento da mente é artificial, dualista e distorcido. Ao permitir que a mente se aquiete, é possível dissolver o senso do eu e repousar no Tao. Não há instruções precisas para praticar zuowang, mas os passos mostrados aqui ajudam a desenvolver a atitude correta para essa meditação.

O FUNDAMENTAL

- **Essência** Desligar-se de tudo e permanecer no estado relaxado da não mente
- **Canal sensorial** Mente
- **Habilidade** Consciência
- **Tradição** Taoismo
- **Práticas similares** Zazen, autoinvestigação, meditações tântricas

01 Sente-se em postura de meditação, costas retas e sem apoio. Isso ajuda a estabilizar a mente e a energia. A respiração deve ser suave, lenta e natural. Feche os olhos.

02 Assuma a atitude de desligar-se de tudo. Esqueça tudo que o cerca, como se o controle dos seus sentidos tivesse sido desligado. O corpo permanece imóvel e não registra sensação alguma. Esqueça seu corpo. Você não tem início nem fim. Não tem âncora, suporte, forma. Esqueça todos os conceitos, todas as crenças. Desapegue-se de qualquer referência, de mapas da realidade.

03 Tudo que surgir na sua consciência está vazio. Nada é seu inimigo, nada precisa ser rejeitado. Tudo pode surgir e ser o que é – tudo é parte da experiência. A diferença é que, internamente, você está no estado de não ação.

04 Não inicie atividade alguma. Não dê atenção a nada que for percebido. Não dê preferência a nada que surgir. Seu intuito é não fazer, nem controlar ou mudar nada.

05 Abandone qualquer inclinação a pensar sobre algo, a tentar entender ou mudar as coisas. Deixe tudo ir embora, sem esforço. Permita que a mente conceitual fique sem apoio e torne-se vazia em si mesma.

06 Apenas fique em silêncio, sem fazer nada específico, com a consciência aberta e sem fazer escolhas. Permita que tudo mais se afaste de você. Deixe ir embora a perturbação de gostar ou não gostar, de tentar, de saber. Rejeite a perturbação da identidade pessoal.

07 Não tente "fazer" algo. Desapegue-se de tentar e não tentar. Apenas esteja no aqui e agora, presente, mas vazio de tudo. Permaneça presente e deixe que esse estado aconteça naturalmente. A mente se aquietará por si só, e você se sentirá firme, íntegro.

08 Mergulhe no vazio imensurável do Universo. Deixe que o seu ser permeie tudo. Essa é sua natureza original, aberta e vasta, sem qualquer autorreferência.

09 Quando estiver pronto, concentre-se no corpo e na respiração. Mova lentamente os dedos e a cabeça, depois abra os olhos.

"Zuowang é como o céu aberto acima das nuvens: tão vasto que você nem as percebe."

MEDITAÇÕES TÂNTRICAS

A descoberta do vazio

Adaptada das contemplações mencionadas no *Vijnanabhairava Tantra*, texto antigo que descreve 112 técnicas, essas meditações envolvem contemplações e visualizações criativas.

POR QUE ESCOLHER ESSA TÉCNICA?

Da perspectiva espiritual tântrica, o propósito dessas meditações é ver todas as coisas como manifestações da consciência, superar o ego e fundir a mente individual à mente universal. Praticadas de modo secular, elas servem para nos libertar da escravidão dos desejos, das emoções e sensações e para ajudar a desenvolver o autoconhecimento e a empatia por meio da contemplação da unicidade de todas as coisas. As técnicas apresentadas aqui estão agrupadas por seu foco no corpo, na mente ou nos sentidos. Veja qual é mais atraente para você.

O FUNDAMENTAL

- **Essência** Grupo de práticas que liberam a mente do apego e a ajudam a perceber o vazio e a unicidade de todas as coisas
- **Canal sensorial** Mente, corpo e sensação, audição
- **Habilidade** Concentração, consciência
- **Tradições** Ioga, especificamente a tântrica
- **Práticas similares** Visualização, meditação sem cabeça, meditação abstrata, expansão da consciência

"Descubra novos jeitos de acessar um estado de calma, silêncio e liberdade interior."

TÉCNICAS CORPORAIS

Essas meditações o convidam a se concentrar no seu corpo de modo inovador para mudar o estado da sua mente e o seu senso de eu. Para muitos de nós, a atenção se conecta com o corpo como ponto fundamental de referência – por isso, aqui, o Tantra pede que você comece de onde está.

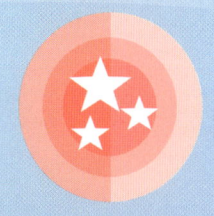

FLUTUAR NO ESPAÇO

Concentrar-se na sensação de ausência de peso deixa a mente leve e livre de pensamentos.

01 Para essa técnica, melhor sentar-se numa cadeira ou sofá confortáveis.

02 Foque toda a atenção no seu corpo.

03 Imagine seu corpo sem apoio algum. É como se ele flutuasse no espaço, sem peso nenhum – uma experiência de gravidade zero. Foque essa sensação com convicção total.

04 Concentre-se na sensação de estar completamente solto. Use isso como objeto da meditação.

DENTRO DA CABEÇA

Focando toda a consciência num ponto minúsculo, a mente se aquieta e se acalma.

01 Sente-se em postura de meditação. Feche os olhos e respire fundo, pelo nariz, três vezes. Sempre que soltar o ar, relaxe o corpo.

02 Passe 1 minuto focando a atenção no seu corpo. Deixe que a mente se aquiete com seu corpo.

03 Foque toda a atenção dentro da cabeça. Imagine-se como uma minúscula esfera de luz que existe no centro da escuridão dentro da sua cabeça.

04 Completamente imóvel, foque toda a atenção nesse ponto de luz. Se pensamentos ou imagens aparecerem, deixe-os ir embora. Continue focado no ponto.

UMA CASCA VAZIA

Contemplar o vazio completo do corpo abre uma sensação de espaço dentro de você.

01 Sente-se em postura de meditação. Feche os olhos e respire fundo, pelo nariz, três vezes. Sempre que soltar o ar, relaxe o corpo.

02 Passe 1 minuto focando a atenção no seu corpo. Deixe que a mente se aquiete com seu corpo.

03 Imagine seu corpo completamente vazio – sua pele é como uma casca externa sem nada dentro.

04 Se seu corpo está vazio e sem substância, quem é você? Você é consciência, por dentro e por fora, não está limitado pelo corpo.

05 Fique nesse estado de pura consciência, de espaço ilimitado, enquanto contempla o vazio do corpo.

MEDITAÇÕES TÂNTRICAS

CONTINUA

TÉCNICAS SENSORIAIS

Cada uma dessas técnicas usa um sentido ou uma sensação diferente para focar a atenção. Ao usar sensações – como prazer ou dor – como objeto de meditação, você as experimenta em sua totalidade, compreende sua natureza e torna-se capaz de transcendê-las.

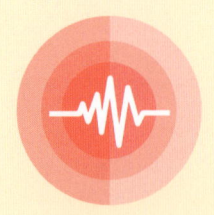

DO SOM AO SILÊNCIO

Nessa técnica você foca o som de um mantra, mas também poderia usar um sino tibetano ou outro instrumento. Você precisará de um lugar silencioso.

01 Sente-se em postura de meditação. Feche os olhos e respire fundo, pelo nariz, três vezes. Sempre que soltar o ar, relaxe o corpo.

02 Passe 1 minuto focando a atenção no seu corpo. Deixe que a mente se aquiete com seu corpo.

03 Entoe o mantra "om", alongando bastante o som "mmm". Preste atenção na duração do som, que começa forte e vai se suavizando até silenciar.

04 Conforme o som rompe o silêncio e se dissipa de volta no silêncio, permita que ele conduza sua consciência de volta ao silêncio.

05 Quando o som acabar, preste atenção no silêncio. Depois de alguns momentos, entoe "om" outra vez e repita o processo quantas vezes quiser.

MEDITAÇÃO ORGÁSMICA

Aqui, você foca a sensação de alegria e aprende a transcendê-la, para que possa acessá-la sempre que quiser.

01 Sente-se em postura de meditação. Feche os olhos e respire fundo, pelo nariz, três vezes. Sempre que soltar o ar, relaxe o corpo.

02 Passe 1 minuto focando a atenção no seu corpo. Deixe que a mente se aquiete com seu corpo.

03 Lembre um momento de alegria, satisfação profunda ou prazer, como ao provar algo delicioso.

04 Expanda essa sensação tornando-se profundamente consciente dela. Foque-a. Deixe sua mente se fundir a ela. Perca-se nela, mas mantenha sua consciência aberta e clara.

05 Transcenda a sensação tornando-a tão intensa que ela o leva para além de si mesmo, para o deleite da consciência pura. Rastreie a emoção até a fonte na sua consciência. A memória dessa sensação é o gatilho para acessá-la sempre que desejar.

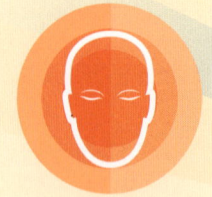

PAZ ALÉM DA DOR

Essa técnica usa a dor física como objeto da meditação e ensina a aceitá-la sem repulsa.

01 Sente-se em postura de meditação. Feche os olhos e respire fundo, pelo nariz, três vezes. Sempre que soltar o ar, relaxe o corpo.

02 Passe 1 minuto focando a atenção no seu corpo. Deixe que a mente se aquiete com seu corpo.

03 É difícil ignorar a dor, mas é fácil focá-la, portanto use-a como objeto de meditação. Mantenha sua consciência toda no ponto do corpo onde a dor é sentida com mais intensidade.

04 Observe a sensação de dor, renda-se a ela. Afaste qualquer aversão à dor. Relaxe dentro dela, sinta-se confortável com ela.

05 Vá além da superfície e apenas sinta essa sensação como se fosse outra qualquer, sem rotulá-la como boa ou ruim, agradável ou incômoda. Deixe sua mente repousar na observação aberta e calma dessa sensação em sua expressão pura.

"Você pode aprender a acessar sensações de alegria e bem-estar sempre que quiser."

MEDITAÇÕES TÂNTRICAS

CONTINUA ▶

CONTINUAÇÃO ▶

TIPOS DE MEDITAÇÃO

"Encontre espaço entre seus pensamentos, assim como há pausa entre notas musicais."

TÉCNICAS MENTAIS

As contemplações e visualizações criativas mostradas aqui nos desafiam a encontrar quietude, liberdade e expansão na mente, além de ampliar nosso senso do eu para incluir todo mundo.

O ESPAÇO ENTRE PENSAMENTOS

Aprenda a focar o espaço entre os pensamentos, para poder sempre repousar a consciência lá.

01 Sente-se em postura de meditação. Feche os olhos e respire fundo, pelo nariz, três vezes. Sempre que soltar o ar, relaxe o corpo.

02 Passe 1 minuto focando a atenção no seu corpo. Deixe que a mente se aquiete com seu corpo.

03 Olhe para dentro de sua mente e observe os pensamentos que estão lá. Tente focar o espaço entre um pensamento e o próximo, como a pausa entre as notas de uma música, mesmo que o ritmo seja rápido. Isso pode ser difícil no começo, porque a nossa consciência não está treinada para ser tão precisa. Mas se perseverar, é possível conseguir fazê-lo.

04 Entre um pensamento e outro, há um espaço e um silêncio. Quanto mais você treinar para perceber esse espaço e ficar nele, maior será o espaço entre os pensamentos.

O PRÓPRIO EU

Essa técnica vai além do eu, pedindo que se contemple a unicidade de toda vida e consciência.

01 Sente-se em postura de meditação. Feche os olhos e respire fundo, pelo nariz, três vezes. Sempre que soltar o ar, relaxe o corpo.

02 Passe 1 minuto focando a atenção no seu corpo. Deixe que a mente se aquiete com seu corpo.

03 Esqueça o corpo e a mente e observe que dentro de cada pessoa existe um único eu. A mesma consciência brilha como "eu" em cada mente.

04 Assim como os reflexos da Lua se diferenciam em poças d'água, a mesma consciência aparece de maneira diversa em muitas mentes.

POÇO SEM FUNDO

Aqui sua mente se move livremente, pois nada a obstrui. Você também pode tentar olhar um poço de verdade.

01 Sente-se em postura de meditação. Feche os olhos e respire fundo, pelo nariz, três vezes. Sempre que soltar o ar, relaxe o corpo.

02 Passe 1 minuto focando a atenção no seu corpo. Deixe que a mente se aquiete com seu corpo.

03 Imagine-se sentado em frente a um poço sem fundo. Você olha para dentro dele, mas sua visão não encontra objeto algum, então não há nada em que pensar.

04 Deixe sua mente permanecer nesse poço sem fundo. Ela abandona quaisquer amarras e se move livre, sem resistência.

05 Foque a atenção nessa sensação de expansão infinita, de mergulhar livremente onde não há fundo.

MEDITAÇÃO DA BONDADE AMOROSA

Purificar os sentimentos

Bondade amorosa, ou *metta* na língua páli, é uma das quatro "moradas divinas" ou "atitudes sublimes" que os budistas buscam desenvolver. Nessa prática, geramos sentimentos de amor e benevolência e deseja felicidade e bem-estar para si mesmo e para os outros.

POR QUE ESCOLHER ESSA TÉCNICA?

A meditação da bondade amorosa ajuda a cultivar as emoções positivas e a evitar as negativas, como raiva, ódio, indiferença, egoísmo, má vontade e tristeza (pp. 24-5). Uma vez criada a emoção positiva, o sentimento da bondade amorosa torna-se o objeto de sua concentração, o que o faz crescer ainda mais. Quando isso acontecer, você sentirá mais alegria, abertura e satisfação.

02 Tente lembrar-se de um momento em que se sentiu aceito, amado e apreciado pelo que você é. Se ajudar, recorde-se da pessoa que o fez se sentir assim e quais eram as circunstâncias. Se não conseguir lembrar um exemplo específico, imagine como se sentiria caso isso acontecesse. Crie imagens mentais, como se fosse um filme, e viva esses sentimentos.

01 Sente-se em postura de meditação e feche os olhos. Respire fundo pelo nariz, três vezes. Relaxe o corpo sempre que soltar o ar.

O FUNDAMENTAL

- **Essência** Semear e cultivar os sentimentos de amor e bondade voltados para si mesmo e para os outros por meio de memória, visualização e afirmações
- **Canal sensorial** Coração
- **Habilidade** Concentração
- **Tradição** Budismo
- **Práticas similares** Visualização, kirtan

03 Depois de gerar os sentimentos, concentre-se neles. Deixe para trás os detalhes da lembrança ou das imagens e apenas conscientize-se dos sentimentos. Como seu corpo, sua mente e seu coração se sentem? Foque sua concentração nisso. Alimente, reproduza, amplie esses sentimentos. Se os seus pensamentos se distraírem, reconheça o fato e volte a concentrar-se nos sentimentos.

04 Quando os sentimentos estiverem estabilizados, projete-os em direção a si mesmo, a outra pessoa ou ao planeta. Talvez ajude visualizar a pessoa para quem você está projetando os sentimentos (mesmo que ela seja você). Depois, com emoção e propósito, repita mentalmente:

"Seja feliz. Esteja em segurança. Fique em paz!"

05 Traga a atenção de volta à respiração. Observe-a por alguns momentos. A seguir, torne-se consciente do seu corpo todo e do contato dele com o chão ou a cadeira. Quando estiver pronto, mova lentamente os dedos, abra os olhos e encerre a meditação.

"Quando visualizar outra pessoa, é bom colocar-se no lugar dela. Imagine que você é aquela pessoa."

MEDITAÇÃO SUFI DO CORAÇÃO

A pulsação do espírito

Os sufis, místicos islâmicos, usam respiração, meditação e oração para alcançar a união com o Divino. A técnica mostrada aqui foca os batimentos cardíacos para atingir essa conexão, mas é possível praticar uma versão secular.

POR QUE ESCOLHER ESSA TÉCNICA?
O sufismo envolve amar o Divino, ou o Espírito, e deixar-se invadir por esse sentimento de amor e entrega. A meditação sufi dos batimentos cardíacos é um jeito de se conectar em vida a esse "espírito" ou "inteligência" maior e sentir essa presença em você. À medida que as pessoas buscam modos diferentes e mais pessoais de se conectar a um poder maior, essa técnica tem se tornado cada vez mais popular.

Embora ela seja espiritual por natureza, você pode praticar a versão secular simplesmente concentrando-se no pulsar do seu coração, sem repetir mantras ou pensar em Deus.

O FUNDAMENTAL
- **Essência** Focar os batimentos cardíacos para se conectar com o Divino
- **Canal sensorial** Coração
- **Habilidade** Consciência
- **Tradição** Sufismo
- **Práticas similares** Kirtan

01 Sente-se ou deite em posição confortável. Feche os olhos e respire fundo, três vezes, pelo nariz. Deixe seu corpo aquietar-se e relaxar quando soltar o ar.

02 Desenvolva uma consciência corporal completa concentrando a atenção no seu corpo por cerca de 2 minutos. Permita que sua mente se aquiete com o corpo.

03 Quando corpo e respiração estiverem calmos, comece a reparar no batimento cardíaco. Foque toda a atenção no centro do peito e esqueça tudo mais.

"O pulsar do seu coração é a sua vida. É pulsação da vida dentro de você."

04 Preste atenção em cada batida, como se não pudesse deixar escapar nenhuma. Se não conseguir sentir os batimentos, relaxe totalmente o corpo, aquiete a mente e mantenha a consciência na área do coração. Por fim, você vai senti-lo bater.

05 Permita que a mente e o coração se fundam e que o pulsar cardíaco se torne o ritmo de todo o seu ser, como se nada mais existisse. Deixe todos os pensamentos serem consumidos por essa pulsação.

06 Esqueça seu corpo, seus pensamentos, você mesmo. Torne-se observador do batimento cardíaco. Se você se distrair, resgate a concentração para as batidas do coração. Passe quanto tempo quiser nessa fase. Depois, se estiver praticando a versão secular, pode ir direto para o passo 10.

07 Desperte sentimentos de amor e de sagrado pensando no Divino ou no Espírito, na forma que você acredita Nele. Ou então direcione amor à vida ou ao Espírito em si. Sinta gratidão e amor pela vida da qual você faz parte, entregue-se a ela.

08 Contemple o batimento cardíaco como se fosse o pulsar do Divino, da própria vida. Sinta o aconchego, a paz e a doçura que surgem quando você se conecta com o Divino por meio dos batimentos cardíacos.

09 Como alternativa ou complemento ao passo anterior, repita um mantra em sincronia com as batidas do coração. Os sufis entoam "Alá", mas você pode usar outro mantra qualquer enquanto gera sentimentos de amor e entrega. Na dúvida, use "om".

10 Para concluir, desligue-se do batimento cardíaco e traga sua atenção de volta para o corpo como um todo. Conscientize-se de todo o seu corpo. Quando estiver pronto, mova-se lentamente e abra os olhos.

MEDITAÇÃO SUFI DO CORAÇÃO

INTEGRAÇÃO E APROFUNDAMENTO

MOMENTOS MEDITATIVOS

Meditação na vida cotidiana

A prática da meditação é mais bem aproveitada se for parte integral da sua rotina, e não uma "tarefa" que você "tem de fazer". Inserir momentos de meditação no seu dia e somar qualidade meditativa às suas atividades também acelera a melhora da prática.

A meditação afeta seu dia a dia, mas seu dia a dia também afeta sua meditação: idealmente, um apoia o outro. As técnicas de meditação podem ajudar a desacelerar e acalmar os pensamentos algumas vezes durante o dia. Respire fundo, devagar, entre 5-10 vezes e relaxe a tensão do corpo, ou traga seu objeto de meditação à mente algumas vezes.

Encontre um modo de se lembrar de fazê-lo: use o alarme ou um aplicativo de notificação do celular, ou cole um recado no monitor do computador.

O ideal é fazer uma pausa a cada duas horas. Se isso parece muito, lembre que a pausa é de apenas 60 segundos e que os resultados podem ser fascinantes. Se achar difícil, comece com duas ou três pausas por dia.

INCLUA UM CARÁTER MEDITATIVO EM SUAS ATIVIDADES

Você também pode cultivar consciência, foco e relaxamento – três elementos essenciais da meditação – durante as atividades diárias. Tente incluir alguns desses oito "momentos meditativos" em seu cotidiano.

01 Ao parar num sinal de trânsito, respire fundo e relaxe os músculos do rosto, dos ombros e das mãos.

02 Quando estiver no transporte público, repare nas informações que chegam por meio dos sentidos – o que vê, ouve e sente.

"A meditação pode enriquecer sua vida, e sua vida pode ser um treino para meditar caso você use a abordagem correta."

03 Antes de uma reunião com uma pessoa difícil ou do enfrentamento de uma situação delicada, respire fundo e libere as emoções negativas quando soltar o ar.

04 Trate qualquer tarefa como um exercício de concentração e fique focado. Se surgirem distrações, traga seu foco de volta à tarefa, como faz com os pensamentos quando medita.

05 Repare no seu estado de espírito quando está falando ao telefone ou respondendo um e-mail. Estresse? Ansiedade? Ou calma e confiança? Não importa o que sinta, aborde a emoção de modo meditativo (pp. 144-5).

06 Preste atenção às sensações no seu corpo enquanto come. Dedique-se de verdade à degustação dos alimentos. Quais as texturas e cores? Quais os cheiros? Ao colocar a comida na boca, repare nos sabores todos e observe como sua mente e seu corpo reagem a cada um deles.

07 Ao desbloquear o celular com um propósito específico em mente, complete esse propósito antes de abrir outro aplicativo ou notificação.

08 Quando estiver conversando com alguém, esteja 100% presente, olhe para a pessoa e note sua linguagem corporal. Ouça o que ela diz e pense antes de responder.

DISTRAÇÃO DIGITAL

Como a meditação pode ajudar

A tecnologia é uma ótima ferramenta, mas nossa crescente interconectividade gera inconsciência, inquietude, estimulação excessiva e distanciamento da vida. Meditar nos ajuda a aproveitar os benefícios e evitar as armadilhas do mundo digital.

Não importa o que buscamos na tecnologia – expansão do conhecimento ou conexão com outras pessoas –, é fácil nos distrairmos com ela e esquecermos por que a usamos. Com e-mails, redes sociais e mensagens de texto chamando constantemente nossa atenção para uma tela, pode ser bastante desafiador nos concentrarmos e encontrarmos calma.

Essa é outra razão pela qual as habilidades que aprendemos via meditação são tão importantes: quem está focado consegue bloquear distrações, dizer "não" à tentação da gratificação instantânea e concentrar-se em algo importante, aumentando assim a chance de ser mais bem-sucedido na vida. Do mesmo modo, ter consciência de como interagimos com a tecnologia nos ajuda a controlá-la e a não sermos controlados por ela.

Ter uma relação mais saudável com a tecnologia também ajuda a construir princípios meditativos – como liberdade e não reatividade – na vida diária, o que, por sua vez, aprofunda a prática meditativa.

PRATIQUE A AUTOCONSCIÊNCIA

Saber o que busca na tecnologia e como ela o afeta ajuda a fazer escolhas mais conscientes sobre como e quando empregá-la. Na próxima vez que for usar seu celular ou computador, tenha consciência do que o impulsiona a realizar essa ação e repare se não está sendo arrastado para uma direção diferente ao interagir com seu aparelho.

Observe como seu corpo e sua mente reagem antes, durante e depois de interagir com tecnologia. Note os efeitos em você: sensações, emoções e pensamentos despertados. Você sente alívio ou mais ansiedade depois de ler uma mensagem? Talvez sinta uma onda de satisfação, seguida por uma de tédio.

PREFIRA A CONSCIÊNCIA À INCONSCIÊNCIA

Para muitos de nós, a tendência natural é checar o celular quando há um minuto disponível – no ponto de ônibus, durante o almoço. Muita gente olha o celular antes de dormir e logo de manhã, ao acordar.

Use a autoconsciência e comece a reparar nas ocasiões em que pega o celular sem necessidade real. Depois, tente substituir esse hábito inconsciente por outro consciente, como respirar fundo, observar sua mente ou apenas desfrutar a vida à sua volta. Você pode até praticar minimeditações (pp. 44-53). No início não será fácil, mas valerá a pena.

"Junto com a tecnologia vêm distrações infindáveis – por isso precisamos mais do que nunca da meditação."

ESTABELEÇA ALGUMAS REGRAS

Após se conscientizar de sua relação com a tecnologia, é hora de recuperar seu poder criando algumas regras para o modo de empregá-la. Algumas ideias:

NÃO USE a internet antes do café da manhã ou depois das dez da noite.

CHEQUE SEUS E-MAILS e redes sociais apenas 2-3 vezes por dia.

TENHA UM DIA livre de tecnologia uma vez por semana ou por mês.

RESPIRE FUNDO antes de telefonar, checar e-mails ou mensagens. Esse é um modo de praticar o princípio meditativo da não reatividade (pp. 144-5).

O OBJETIVO É ter não mais de cinco aplicativos no celular, tablet ou computador que mandem notificações. Se isso deixar você com medo de ficar desinformado, reconheça essa sensação e siga em frente. Se a sensação continuar, use a meditação para lidar com ela (pp. 144-5).

Como ocorre com hábitos novos, seguir essas regras exigirá força de vontade – uma das habilidades desenvolvidas pela meditação (p. 22).

PARE, RESPIRE, CONTINUE

Meditação para gerenciar emoções

Nossas emoções são respostas involuntárias a situações, por isso parecem fora de controle. Meditar nos dá instrumentos para lidar com as emoções e nos ensina a ser menos reativos. O resultado é uma vida planejada, e não arbitrária.

Com que frequência você comete erros bobos ou reage emocionalmente a algo apenas para se arrepender depois? Isso é resultado de viver no piloto automático, no modo padrão, que tem um custo muito alto: vergonha, decisões ruins, oportunidades perdidas.

Nem sempre sabemos o que é melhor fazer em cada situação, mas na maioria das vezes sabemos o que deveríamos ou não ter feito – apenas não tivemos tempo, na vida real, para analisar as coisas com calma. As emoções desempenham aqui um papel importante, também: não podemos impedir que venham, mas podemos mudar o modo como reagimos a elas. Com as habilidades aprendidas na meditação, podemos evitar bastante sofrimento não somente depois que os danos já foram causados.

Relaxar o corpo e a mente na meditação lhe dá a calma de que precisa para viver quando não está meditando, enquanto manter sua atenção no objeto da meditação aguça sua capacidade de concentração. Como resultado, você lida melhor com situações que poderiam fazê-lo tirar conclusões apressadas ou dizer e fazer coisas por reflexo; consegue perceber quando sua mente se desvia para padrões negativos de pensamento ou emoção. E também pode usar essas habilidades para aquietar emoções desconfortáveis ou perturbadoras ou para ampliar emoções positivas (página seguinte).

CONSCIÊNCIA, RELAXAMENTO, FOCO

Ao desenvolver maior consciência, a meditação o ajuda a perceber seus estados emocionais e sentimentos. Isso permite observar as emoções como são, sem precisar julgá-las ou criar histórias sobre elas. Você começa também a reparar mais no seu comportamento e reconhece o momento em que seus gatilhos são disparados,

O MANTRA DA NÃO REATIVIDADE

Juntas, essas habilidades lhe dão menos reatividade e mais pausa, ou "não reatividade", na vida diária. Diante de um gatilho, essa pausa costuma ser suficiente para evitar a resposta "lutar ou fugir", permitindo que sua mente racional entre em ação e lhe dê mais opções de como reagir. Para lidar com emoções fortes, você pode igualmente seguir os passos dados na página seguinte.

"Meditar dá a você os instrumentos para navegar no mundo emocional."

COMO LIDAR COM EMOÇÕES

Ao ampliar sua autoconsciência acerca dos estados emocionais e dos sentimentos, além das habilidades necessárias para gerenciá-los, a meditação lhe permite retomar o controle. O primeiro passo é determinar o que se quer fazer com a emoção ou o sentimento.

EMOÇÃO

IGNORÁ-LA?
Observe o que está acontecendo no seu corpo, na sua mente. Não se julgue por isso nem interprete o que acontece. Apenas deixe a emoção se esgotar e aprenda com ela. É importante, porém, não focar demais a atenção na emoção, pois você corre o risco de "se perder" no processo.

ACALMÁ-LA?
Dê nome à emoção, use uma única palavra: "raiva", "frustração", "tristeza" ou "insegurança". Isso permite ganhar clareza e objetividade sobre o que realmente está sentindo, anula parte do poder imediato da emoção e ajuda a controlá-la.

FORTALECÊ-LA?
Alimente a emoção com sua atenção total, assim como amplia a sensação de amor na meditação da bondade amorosa (pp. 134-5). Claro que a sensação vai passar, pois todas as emoções são impermanentes, mas isso vai fazê-la durar mais e deixar uma impressão mais profunda na sua mente.

Respire fundo 3-5 vezes. Tente inspirar por 4 segundos e expirar por 4 segundos. Se conseguir, faça isso algumas vezes, aumentando o tempo. Cada estado emocional está ligado a um padrão de respiração, então mudar tal padrão pode mandar um sinal para o corpo que ajuda a mudar a emoção.

Identifique onde a emoção acontece no seu corpo – tensão nos ombros ou um aperto no peito – e conscientemente libere essa tensão cada vez que soltar o ar.

PARE, RESPIRE, CONTINUE

VISUALIZE E CONQUISTE

Meditação para superar desafios pessoais

A habilidade de visualizar obtida com a meditação é uma maneira poderosa de superar qualquer obstáculo interior ou desafio pessoal – seja falta de motivação para um projeto ou insegurança antes de um encontro.

Todos enfrentamos desafios emocionais e psicológicos: talvez ansiedade em relação às convenções sociais, tendência a procrastinar ou até mesmo um jeito específico de falar mal de si mesmo que seria bom evitar. Ao melhorar sua habilidade de visualização, muitas técnicas de meditação oferecem a você um modo eficaz para ter sucesso na área que desejar.

ENSAIO GERAL
Pense na visualização como um ensaio para quando for enfrentar um desafio pessoal: você se vê na situação, depois se visualiza agindo como gostaria de agir, ou sentindo o que desejaria sentir. O ponto crucial aqui não é visualizar diretamente o objetivo final. Se quer superar a ansiedade em relação às convenções sociais, por exemplo, não pense que não vai sentir essa ansiedade em certa situação porque, se na vida real a sentir, vai achar que a visualização deu errado. Em vez disso, identifique o despertar da ansiedade e visualize-se superando-a, como no exercício da página ao lado. Isso significa que, quando a ansiedade chegar, você pensará: "Sei como lidar com ela. Já a superei antes, posso superá-la de novo!".

Quanto melhor você visualizar, mais rápido vencerá seus desafios pessoais. Para fortalecer essa habilidade, escolha técnicas que incluam visualizações, como neiguan (pp. 98-9) e visualização (pp. 104-5), ou que foquem o canal sensorial da visão, como trátaka (pp. 102-3) ou meditações do terceiro olho 1 e 2 (pp. 108-9).

"A visualização é um instrumento poderoso para mudar o estado de espírito, o comportamento e as emoções."

IMAGINE-SE VENCENDO A ANSIEDADE SOCIAL

Essa técnica usa a visualização para ajudar você a se preparar para um evento que pode causar ansiedade. Adapte-a para lidar com qualquer desafio pessoal.

01 Sente-se ou deite-se confortavelmente. Feche os olhos e respire fundo algumas vezes pelo nariz. Deixe o corpo se acalmar e a mente se aquietar.

02 Visualize a situação que pode causar ansiedade em relação às convenções sociais. Pode ser um evento corporativo ou um encontro amoroso. Imagine-se na situação. Veja tudo vividamente, com o máximo possível de detalhes.

03 Enxergue-se de verdade na situação. Sinta no corpo como você se sentiria durante o evento. Observe os pensamentos que surgiriam. Faça o necessário para que a ansiedade apareça como se a situação estivesse mesmo acontecendo.

04 Visualize-se tomando consciência da ansiedade, enquanto respira fundo. Repita algumas vezes e relaxe o corpo. Perceba que depois de um tempo a ansiedade passou. Você sente calma e presença.

05 Visualize-se agindo com confiança: falando assertivamente ou apresentando-se com um aperto de mão firme. Se puder, passe 5-10 minutos fazendo isso. Torne a visualização o mais real possível para que deixe uma impressão forte em sua mente. Você também pode usar afirmações para reforçar esse estado.

06 Quando estiver pronto, pare a visualização. Observe sua respiração por alguns momentos e diga a si mesmo: "Eu sei como lidar com a ansiedade social. Posso superá-la sempre que precisar".

FORTALEÇA A MENTE, SOLUCIONE PROBLEMAS

Meditação para ter clareza mental

Imagine poder resolver melhor os problemas tendo mais foco e clareza, reduzindo ruídos mentais e vendo as situações por uma perspectiva melhor. Felizmente, essas são habilidades que você pode conquistar com a meditação.

Quando pensamos num problema que precisamos resolver, como uma dificuldade técnica no trabalho ou um assunto pessoal, o mais provável é termos várias outras correntes de pensamento competindo com o pensamento sobre o problema em questão. Meditar ajuda a diminuir esse ruído e nos dá mais foco no que é necessário.

ATENÇÃO E FOCO

Meditar treina você para que sua atenção dê um zoom contínuo no objeto da sua meditação. E quanto mais atenção você dá ao objeto, mais claro ele se torna em sua consciência. Essa atenção contínua e estável melhora a clareza dos pensamentos, que está intimamente ligada ao poder de foco.

Após alguns meses de treino diário, e com um poder maior de foco, o problema que você está tentando resolver pode precisar competir com uma única corrente extra de pensamento. Isso libera bastante capacidade cognitiva para focar a tarefa em questão. Muitos praticantes percebem que se livrar de pensamentos supérfluos e focar a consciência os ajuda a ver melhor o cenário geral.

Tente meditar por 5-10 minutos antes de atacar um problema, para começar a tarefa sem empecilhos. Técnicas baseadas no corpo ou nos sentidos, e não na mente ou em sensações, são mais adequadas aqui. Para assuntos verdadeiramente difíceis, prefira o exercício da página seguinte.

Poder cognitivo
Ao desenvolver a habilidade de focar e reduzir ruídos mentais, a meditação libera mais poder cognitivo para resolver problemas.

"Com foco, clareza e perspectiva, você conseguirá resolver seus problemas criativamente."

FOCO NA SOLUÇÃO DE PROBLEMAS

Faça esse exercício sem grandes expectativas. Talvez você encontre as respostas mais tarde, ou durante a prática meditativa no dia seguinte, quando já tiver esquecido o assunto.

01 Passe 10-15 minutos pensando no assunto e tomando nota de todas as variáveis. Você pode anotar no papel ou no computador. Deixe o pensamento aberto, não se aprofunde: a ideia é ver todas as variáveis e como elas se inter-relacionam.

02 Medite por 20 minutos, de preferência com uma técnica que exija concentração focada no corpo ou nos sentidos. A seguir, tente esquecer por completo o assunto. Isso dará espaço para sua mente subconsciente absorver e processar toda a informação que acaba de receber.

03 Antes de terminar de meditar, deixe de lado o objeto da meditação e traga o problema de volta à mente. Transforme o problema, como um todo, no objeto da sua meditação.

04 Não pense ativamente no problema. Apenas deixe as ideias surgirem na sua consciência revendo brevemente todas as variáveis do problema. Mantenha a abertura, com visão panorâmica, observando essas ideias passeando por sua mente. Veja se enxerga novas soluções ou novas relações entre as variáveis.

05 Termine a meditação e volte às anotações. Você estará em melhor condição para resolver o problema com criatividade e eficiência.

CRESÇA E FLORESÇA

Desenvolva habilidades pessoais com a meditação

Meditar nos ajuda a desenvolver habilidades pessoais importantes como calma, paciência e foco, mas também nos dá instrumentos para fazer mudanças de longo prazo em qualquer área que desejamos, do desenvolvimento da coragem ao da gentileza.

Crescimento pessoal a longo prazo, como se fortalecer, exige autoconsciência e força de vontade – duas habilidades básicas que aprimoramos ao meditar. Primeiro você precisa de autoconsciência para reconhecer as oportunidades de praticar sua força pessoal, depois requer perseverança para focar sua atenção no jeito que escolheu para interagir com o mundo e seguir em frente. Você treina isso muitas vezes na meditação: quando repara que a mente se distraiu e se concentra onde quer que ela fique. Embora meditar lhe dê essas duas habilidades, a transformação não é automática: você ainda precisa usá-las ativamente e fazer o trabalho necessário, quando não estiver meditando.

COMECE PELO CORPO

Antes de mudar o que ocorre na mente, é útil usar a autoconsciência adquirida com técnicas como ioga nidra (pp. 92-9), vipassana (pp. 86-7) e atenção plena (pp. 82-3) para disparar o gatilho dos estados físicos que costumam acompanhar a habilidade que você quer desenvolver. Por exemplo, se deseja desenvolver coragem, tente identificar o que sente no seu corpo quando lhe falta coragem ou quando você foge de algo. Talvez seja uma tensão nos ombros ou uma queimação no estômago. Depois, faça o mesmo para imaginar o que sentiria no seu corpo caso tivesse coragem para superar o medo ou a ansiedade. Tente lembrar uma situação durante a qual teve coragem e agiu apesar do medo, ou use a imaginação para experimentar a sensação de ter feito isso. Talvez você sinta calor no peito ou mais energia muscular. Entender essa diferença permitirá alimentar a força pessoal que busca por meio do disparo consciente do gatilho das sensações físicas despertadas pela coragem.

FOCO NO DESENVOLVIMENTO DA CORAGEM

Use essa técnica sempre que notar uma oportunidade de praticar a força pessoal que quer desenvolver. Aqui o foco é a coragem, mas adapte-o para outras qualidades.

01 Quando notar uma oportunidade de praticar a coragem – por exemplo, quando uma situação gera medo ou ansiedade em você –, reconheça as sensações corporais de "falta de coragem".

02 Repare como é o modo "falta de coragem": "Não posso fazer isso. Algo ruim vai acontecer e eu vou ter problemas".

03 Use a força de vontade para despertar fisicamente o modo "coragem física", acionando o gatilho da sensação física da coragem: imagine um calor no peito e mais energia muscular.

04 Conscientemente, desenvolva o modo mental e emocional da coragem dizendo a si mesmo: "Essa ação pode me trazer desconforto ou perda, mas é a coisa certa a fazer e quero fazê-la". Foque isso, apesar do medo.

05 Aja com base no modo "coragem" que você acabou de desenvolver em seu corpo e em sua mente. Mesmo que ainda sinta medo, você conseguirá proceder com coragem, porque é nela que a sua atenção está focada.

CRESÇA E FLORESÇA

MEDITAÇÃO E TRABALHO

Um conjunto de práticas

Não importa a sua profissão, meditar traz clareza, foco e perspectiva, além de melhorar o bem-estar – e tudo isso é importantíssimo se você quer obter sucesso no trabalho e, ao mesmo tempo, ter equilíbrio e aproveitar a vida.

Uma das razões mais comuns para as pessoas buscarem a meditação é melhorar o desempenho no trabalho. Muita gente também pratica meditação porque ela ajuda a aumentar a produtividade e diminuir o estresse ligado ao trabalho. Ao ampliar a capacidade de concentração e foco (pp. 22-3) e a clareza mental (pp. 148-9), a meditação diária vai gradualmente ajudar você a desempenhar suas tarefas melhor e sentir mais bem-estar no trabalho. Mas se você quiser ter mais proatividade e ponderação nessa área, e acelerar o processo, ajuda muito agregar à vida profissional habilidades como relaxamento, consciência e foco.

RELAXAMENTO E ALÍVIO
- **Pausa pré-reunião.** Faça uma pausa de 1 minuto antes de reuniões; sente-se em silêncio, observando seu corpo e sua respiração.
- **Olhar distante.** Pare o que estiver fazendo e olhe para o horizonte pela janela, a fim de relaxar a mente e os olhos.
- **Respire.** Nos picos de estresse e ansiedade durante o expediente, pratique 5 minutos de respiração alternada pelas narinas (pp. 168-9).

FOCO ANTIESTRESSE

Essa técnica de relaxamento muscular progressivo (RMP) ajuda a relaxar quando está tenso e estressado no trabalho. Você pode praticá-la na sua mesa ou no banheiro. Se tiver problemas físicos, converse antes com o seu médico.

01 Se puder, sente-se, isso ajuda no relaxamento. Depois, respire fundo enquanto contrai todos os músculos de uma perna e de um pé durante uns 5–10 segundos.

02 Solte o ar enquanto relaxa toda a tensão física da perna e do pé. Isso vai criar uma sensação de profundo alívio, difícil de alcançar quando se tenta apenas relaxar.

03 Faça uma pausa, respire, depois repita o processo com a outra perna e o outro pé.

04 Repita o processo com o resto do corpo, começando pelas nádegas e subindo: nádegas, barriga, mãos, braços, ombros e, por último, pescoço e rosto.

"Integrar a meditação ao dia a dia profissional melhora sua prática e sua performance."

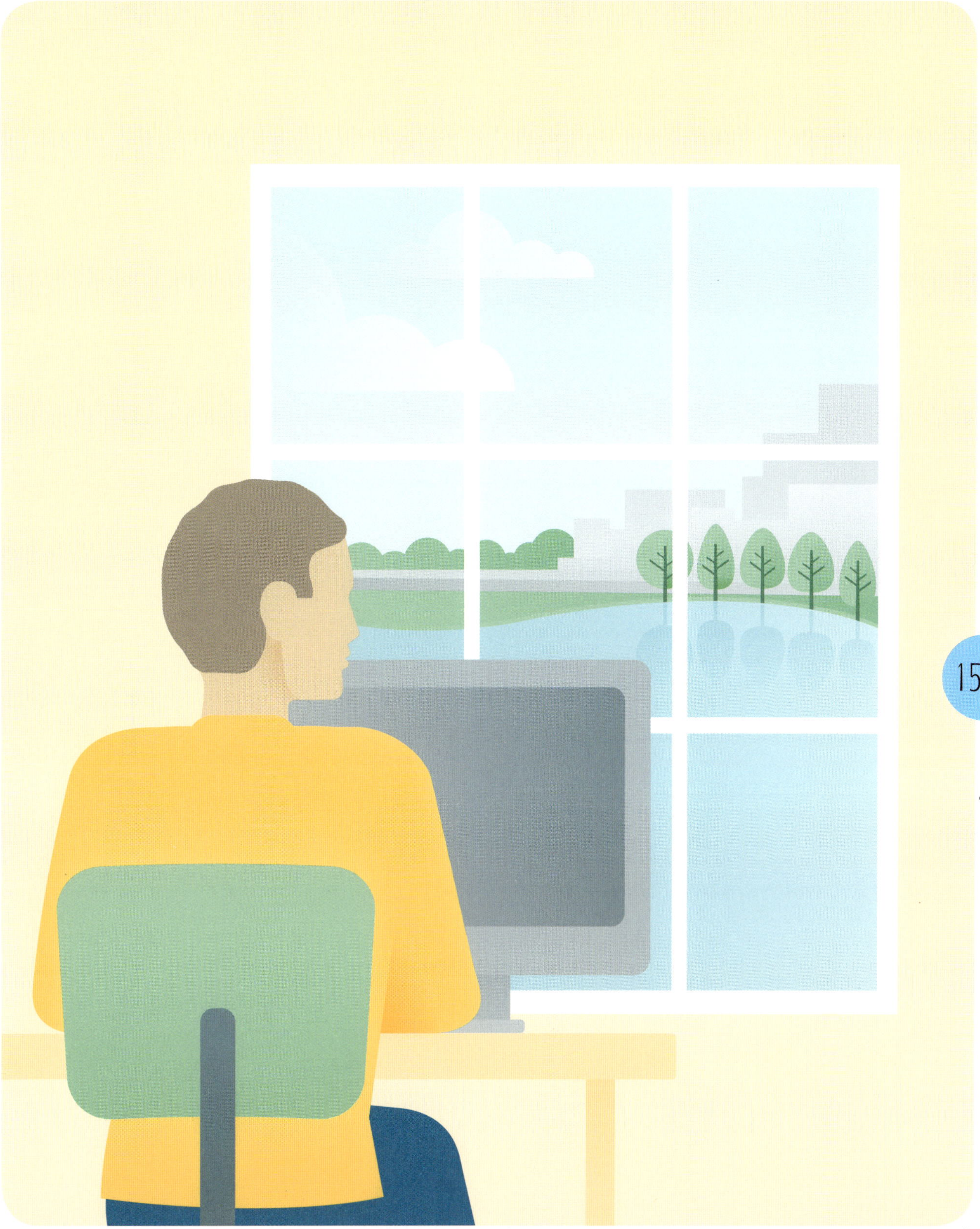

CONTINUA

EXPANSÃO DA CONSCIÊNCIA

- **Almoço.** Use 5-10 minutos do horário de almoço, antes de comer, para sentar-se tranquilamente e praticar sua meditação favorita, talvez numa praça ou numa sala vazia no local de trabalho.
- **Caminhada e meditação.** Enquanto caminha ao encontro de alguém ou vai a uma reunião, ou até indo pegar um cafezinho, aproveite para meditar. Desligue-se da mente pensante por uns momentos e apenas preste atenção no contato dos pés com o chão, na respiração.
- **Comunicação atenta.** Conversar com alguém é uma boa chance de praticar a autoconsciência. Quando se comunicar com outros, faça-se essas quatro perguntas: Qual o estado de sua mente enquanto fala e ouve? Seu corpo está tenso, inquieto, ou presente e relaxado? Como suas palavras, seu tom de voz e suas expressões faciais afetam seu(s) interlocutor(es)? Você os ouve de verdade?

AGUÇANDO O FOCO

- **Trabalho como meditação.** Trate a atividade que você faz como uma prática de meditação. Isso significa que, quando estiver trabalhando, deve estar 100% presente e focado, minuto a minuto. Afaste continuamente as distrações, do mesmo modo como afasta pensamentos que o distraem enquanto medita.
- **Evite multitarefas.** Aplique as orientações acima a uma tarefa por vez. Realizar várias tarefas cognitivas ao mesmo tempo é ineficaz do ponto de vista da produtividade e, além disso, treina sua mente para ser dispersiva e sem foco.
- **Reduza distrações.** Ajuste seu ambiente para que ele incentive a concentração, não a distração. Por exemplo, evite papéis e objetos fora do lugar na sua mesa ou ambiente de trabalho. Não leve o celular a reuniões. Se trabalha no computador, abra apenas os arquivos, programas e abas de que precisa para completar o trabalho que está fazendo no momento.

Aproveite o horário do almoço
Afastar-se do local de trabalho na hora da refeição pode tornar você mais produtivo.

"Meditar ajuda a encontrar oportunidades de incluir calma e presença no dia a dia."

BEM-ESTAR NO TRABALHO

PARA MELHORAR O RELACIONAMENTO com seus colegas, tente praticar a meditação da bondade amorosa (pp. 134-5) usando-os como objeto da meditação.

ANTES DE REUNIÕES DIFÍCEIS ou de um desafio, use a visualização para se preparar (pp. 146-7).

PARA LIDAR COM EMOÇÕES FORTES que surgem, encare-as meditativamente (pp. 144-5).

APÓS UM LONGO DIA SENTADO À SUA MESA, considere formas dinâmicas de meditação, como ássanas da ioga (pp. 94-5), tai chi (pp. 96-7), kinhin (pp. 90-1) ou o relaxamento profundo da ioga nidra (pp. 92-3).

MEDITAÇÃO E TRABALHO

MEDITAÇÃO PARA ATLETAS

Domine o jogo mental

O caminho para o sucesso, em qualquer esporte, está cheio de obstáculos mentais – de perder a motivação a ter sua energia sequestrada por ansiedade e preocupação. Meditar ajuda você a dominar sua mente, para que possa se sair bem nos esportes.

De certa forma, dominar um esporte inclui se apaixonar pela repetição: você precisa conseguir repetir o mesmo treino muitas vezes, todas com igual foco e energia, sem se entregar a distrações ou emoções negativas e sem perder motivação. É exatamente a mesma coisa que a meditação faz no nível mental.

Meditar também ajuda a aumentar a resistência mental à frustração, à dor, ao estresse e ao treino pesado, melhora o sono, diminui o tempo de recuperação e aumenta a autodisciplina – e tudo isso aprimora suas habilidades atléticas.

A prática diária de qualquer técnica provavelmente oferece muitos dos benefícios que você busca, mas se quiser melhorar áreas específicas, comece com a lista abaixo:
- **Força de vontade e concentração:** zazen (p. 84), trátaka (p. 102), terceiro olho (p. 108).
- **Motivação e autoconfiança:** vipassana (p. 86), minimeditação 1 (p. 44), terceiro olho (p. 108).
- **Relação com os colegas:** atenção plena (p. 82), bondade amorosa (p. 134), nomeação (p. 112).

"Com a meditação, o esporte pode tornar-se ferramenta de crescimento pessoal e autoatualização."

FOCO NA PREPARAÇÃO

01 Sente-se num banco ou cadeira, com a coluna e o pescoço eretos, sem apoio.

02 Passe 1 minuto sentindo seu corpo todo, por dentro e por fora. Sinta o peso e a forma dessa ferramenta bem treinada que é o seu corpo. Deixe sua mente se fundir a ele, ser íntima dele. Peça a seu corpo que responda com precisão nos momentos importantes que virão. Sinta-o ficar extremamente forte, flexível e rápido.

03 Agora, foque a atenção na respiração. Respire fundo pelo nariz, contando até 5. Segure o ar por 10 segundos. A seguir, solte o ar, contando até 5. Se achar isso fácil demais para ajudar a encontrar foco, experimente inspirar por 7 segundos, segurar por 14 e expirar por 7 segundos.

04 Relaxe dentro da respiração: a cada inspiração, sinta que se enche de energia, poder e força. Enquanto prende o ar, sinta o poder permear cada músculo do seu corpo. Quando soltar o ar, libere qualquer sensação de medo, preocupação e cansaço que esteja dentro de você.

05 Respire assim por 4-5 minutos. Termine a meditação aqui e siga em frente confiante. Se tiver tempo, passe mais 5-10 minutos visualizando-se ao atingir seu objetivo (pp. 146-7).

157

MEDITAÇÃO PARA ATLETAS

FALE EM PÚBLICO COM SEGURANÇA

Apresente-se de modo confiante

Seja em uma apresentação no trabalho, numa entrevista ou num evento em família, a maioria de nós precisa falar em público algumas vezes na vida. Isso às vezes parece bem assustador, mas a meditação pode impedir que o nervosismo nos vença.

Para muita gente, o maior desafio ao falar em público é controlar o nervosismo. Quando medo, ansiedade ou tensão nos dominam, nossa voz pode ficar aguda, trêmula; ou falamos rápido demais, o que limita o impacto que desejamos causar. Às vezes nos movemos de modo estranho, distraindo a audiência, ou ficamos tímidos, sem presença de palco. Podemos até entrar em pânico e esquecer o que íamos dizer.

Ter calma é essencial para falar bem, por isso, ao planejar um discurso ou apresentação, escolha meditações que enfatizem o relaxamento ou a consciência, que trabalhem com respiração e corpo. Se ficar com medo de esquecer o que vai dizer, pratique técnicas que enfatizem a concentração. Você também pode usar a visualização como ferramenta para superar o nervosismo (pp. 146-7).

Durante sua fala, conscientize-se de emoções e pensamentos que surgirem, mas use a respiração e as habilidades de consciência que aprendeu para ancorar-se no seu corpo, no momento presente. O nervosismo e a ansiedade podem chegar, mas você ainda se sentirá no controle e fará um ótimo discurso.

FOCO EM FICAR CALMO

Se você sente ansiedade antes de falar em público, recorra a essa técnica de respiração para manter a calma e a confiança e se apresentar bem. Você pode praticá-la sem ninguém perceber.

01 Fique de olhos abertos ou fechados, o importante é se sentir confortável. Sentado ou em pé, mantenha as costas e o pescoço eretos.

02 Inspire pelo nariz, contando 4 segundos. Segure o ar por mais 4 segundos.

03 Solte o ar pelo nariz, contando 4 segundos, depois espere 4 segundos antes de inspirar por mais 4 segundos de novo.

04 A respiração deve ser suave, profunda, regular e abdominal.

05 Repita esse ciclo cerca de 10-20 vezes. Se achar 4 segundos muito difícil, comece com 3 segundos e aumente para 4 após alguns ciclos. Se achar fácil demais, conte 5-6 segundos.

"Com a meditação diária, você fica calmo e confiante quando fala em público."

159

FALE EM PÚBLICO COM SEGURANÇA

MEDITAÇÃO E CRIATIVIDADE

Desbloquear a inspiração

A criatividade é uma habilidade humana incrível, mas pode ser sufocada por uma mente agitada ou padrões de pensamento racionais ou literais demais. Meditar ajuda a clarear a mente e encontrar inspiração, não importa em que área da vida você queira ser criativo.

Você já se esforçou para ser criativo ou resolver um problema, mas só encontrou a solução após tê-lo esquecido? Às vezes precisamos ter uma atitude de "desapego" para que a criatividade floresça, e é exatamente aí que a meditação pode ajudar.

Para chegar a esse "desapego", pratique técnicas que foquem a consciência, como atenção plena (pp. 82-3) ou vipassana (pp. 86-7). Ao convidar você a reparar em tudo que acontece, sem julgamentos, e a desenvolver consciência de tudo que existe à sua volta, essas técnicas estimulam pensamentos divergentes, melhoram a habilidade de notar coisas novas e criam abertura para experiências diferentes, o que é essencial para a criatividade.

Escolha meditações com visualizações se quiser ser criativo em atividades visuais, ou práticas baseadas em som se você for músico ou compositor. Para pensamentos criativos em geral, opte pelas que estimulem a intuição, como terceiro olho (pp. 108-9) e zazen (pp. 84-5) ou relaxamento profundo.

"Meditar ajuda a criar o estado de espírito ótimo para que a criatividade floresça."

FOCO NA LIBERDADE DA IMAGINAÇÃO

Tente essa meditação para entrar na zona da criatividade. Antes de começar, contemple uma obra inspiradora de um artista na sua área de atuação, como uma pintura, uma música ou um poema.

01 Sente-se numa postura confortável e feche os olhos. Respire fundo, três vezes, pelo nariz. Sempre que soltar o ar, deixe o corpo mais relaxado e quieto. Feche a boca e relaxe no momento presente.

02 Tente reproduzir mentalmente a obra que você contemplou antes, com o maior número possível de detalhes. Deixe a obra permear toda a sua consciência. Deixe sua mente fundir-se a ela. Estude sua beleza, descubra seus mistérios. Tente imaginar e sentir o estado de espírito do artista no momento em que criou a obra.

03 Traga o foco de volta para si mesmo e recorde um momento de sua vida no qual a inspiração estava fluindo. Como você se sentiu naquele momento? Qual era a sensação no seu corpo, na sua mente, suas emoções? Tente reviver a experiência.

04 Pense agora no desafio criativo que tem pela frente. Contemple-o como se fosse uma tela em branco a ser preenchida. Canalize a inspiração gerada pela meditação e deixe-a fluir para a tela vazia.

05 Quando senti-la fluindo, abra os olhos e transforme sua arte em realidade.

161

MEDITAÇÃO E CRIATIVIDADE

UM NOVO PATAMAR

Para aprofundar a prática

Meditar é uma viagem contínua – sempre há algo mais a aprender ou experimentar sobre si mesmo e sua prática. Depois de ter tornado a meditação um hábito cotidiano, talvez você se pergunte: "E agora?".

Após praticar a mesma técnica de meditação todo dia, durante meses, muitos adeptos começam a sentir que não estão mais fazendo progressos. Isso é absolutamente normal. Você pode tentar algumas das sugestões a seguir para ir mais fundo na sua prática. Escolha a que achar mais conveniente para você.

MEDITE MAIS TEMPO
Não há regras fixas sobre quanto tempo deve durar uma sessão, mas uma orientação geral é chegar ao ponto em que você medita pelo menos 20 minutos por sessão, todo dia. Se já faz isso, você pode tentar aumentar para 20-40 minutos. Porém, se a ideia é buscar os benefícios espirituais da meditação (pp. 28-2 e 176-7), muitos professores recomendam meditar diariamente de 40 minutos a 1 hora, no mínimo.

QUALIDADE, NÃO QUANTIDADE
Você pode melhorar a qualidade da meditação de dois jeitos: aumentando a intensidade e preparando-se para a prática.

Para aumentar a intensidade da prática, tenha a intenção de realmente dedicar-se a ela. Prestamos atenção no que consideramos importante, então leve a prática a sério. Dominar a arte da concentração também vai ajudar você a gerar um pouco de fogo interior (pp. 74-5).

Assim como precisa se aquecer antes de um exercício, você tem de aquietar o corpo e centrar a mente para alcançar o estado ideal para meditar.
- **Respiração alternada** pelas narinas (pp. 168-9), pranayama da abelha (pp. 88-9) e minimeditação 1 (pp. 44-5) acalmam o corpo e a respiração.
- **Incorporar um elemento** ritual à sua prática ajuda a centrar a mente (pp. 164-5).

INTEGRE A MEDITAÇÃO AO SEU DIA

A qualidade da meditação influencia seu cotidiano, mas a qualidade da sua mente na vida diária também influencia sua meditação. Mantenha a mente menos ocupada e inquieta durante o dia integrando pausas e minimeditações à sua rotina e tornando meditativas as suas atividades (pp. 140-1).

CONECTE-SE MAIS PROFUNDAMENTE COM A PRÁTICA

Passe um tempo refletindo sobre sua prática e aprendendo mais sobre ela, para que se torne uma parte maior da sua vida. Você pode tentar:
- **Escrever** sobre suas experiências e progressos.
- **Ler** sobre o assunto (pp. 182-4).
- **Juntar-se a um grupo** de meditação e passar um tempo com outros praticantes.
- **Encontrar um professor** para conversar, fazer perguntas e que possa inspirá-lo.
- **Ir a um retiro** de meditação (pp. 174-5).

"Aprofundar-se na prática permitirá aproveitá-la melhor."

RESPEITE A SESSÃO

Introduza um elemento ritual

Criar um ritual para uma atividade ajuda a realçar sua importância. E, ao envolver a atividade com uma atmosfera de reverência, é possível prestar mais atenção nela – e é disso que trata a atenção plena.

Costumamos pensar em rituais como algo religioso, mas a cultura secular também tem os seus, como aniversários e cerimônias de formatura. Introduzir um formato ritual à sua prática meditativa, por simples que seja, manda a você a mensagem de que ela é importante. Isso ajuda a focar a mente e o coração na meditação com mais profundidade.

Praticantes zen, por exemplo, curvam-se diante da almofada de meditação antes de começar uma sessão. Eles o fazem para lembrar: "Vou fazer algo importante, algo digno de respeito. Estou presente! Sentar aqui é diferente de sentar no sofá para ver TV!".

INDO MAIS FUNDO

Rituais não são essenciais à meditação, mas podem propiciar uma experiência mais profunda da prática, por isso talvez você queira adotar um deles depois que a meditação tiver se tornado um hábito. Ao envolver a prática com algo que tenha um significado maior para você, isso se reflete em mais calma e quietude no restante do dia.

Seus rituais podem ser simples ou elaborados, seculares ou espirituais, como você preferir (página ao lado). Podem, também, ser bastante pessoais, e talvez você prefira não divulgá-los.

"Rituais são ferramentas para canalizar pensamentos e emoções a fim de criar um resultado específico para você ou o mundo."

RITUAIS DIÁRIOS

Tente usar qualquer uma das sugestões a seguir para dar um sentido mais importante à prática meditativa e para trazer mais calma e quietude para o seu dia.

Antes de meditar, experimente:
LAVAR as mãos e o rosto.
VESTIR roupas específicas que sejam bem confortáveis para ficar em postura de meditação.
ACENDER um incenso ou uma vela.
DETERMINAR propósitos para a prática.

Um ritual pós-meditação pode ser:
ESCREVER num diário.
BEBER uma xícara de chá enquanto relaxa e reflete.
SAIR para uma caminhada tranquila.
PRATICAR algumas afirmações.
ESTABELECER suas intenções para o dia.

RESPEITE A SESSÃO

SUPERE OS OBSTÁCULOS PARA MEDITAR

Encontre oportunidades para melhorar

Se você sente que ainda pode receber mais benefícios da meditação, tente superar possíveis obstáculos e identificar onde deve focar esforços para melhorar sua prática. Às vezes basta reconhecer o problema para diminuir o poder dele sobre você.

Filosofias tradicionais, sobretudo das tradições budistas e iogues, identificam diferentes estados de espírito que podem impedir o aprofundamento na meditação. Reconhecer quais são esses obstáculos e aprender a superá-los é parte importante da prática.

Esses estados mentais são parte normal da jornada e possivelmente serão seus companheiros de meditação por um longo tempo. Procure apenas conscientizar-se deles e seguir as soluções sugeridas de acordo com suas melhores habilidades. Para a maioria, é suficiente continuar a prática com paciência, perseverança e energia, mas outros têm soluções mais específicas. Qualquer progresso que você faça merece ser celebrado!

"Lidar com esses obstáculos envolve ter consciência e dar passos pequenos."

Aprofundar seu conhecimento da prática e consultar um professor (pp. 182-4).

Tentar introduzir um elemento ritual para dar um senso de maior importância à meditação (pp. 164-5).

Progrida no caminho
Os obstáculos e soluções apresentados aqui são inspirados nas tradições iogues e budistas.

SOLUÇÃO

Reconhecer que o desejo está presente e deixá-lo ir embora (pp. 144-5).

Sentir bondade amorosa por si mesmo e por quem ou pelo que lhe causa aversão (pp. 134-5).

Fortalecer seu compromisso com a prática (pp. 162-3).

Gerar energia e intensidade voltadas à prática (pp. 74-5) e verificar se tem descansado o suficiente.

Ser feliz com as coisas como elas são, desapegar-se, relaxar no momento presente (pp. 76-7 e 144-5).

Lembrar-se da razão pela qual quer meditar – assim, reacender o entusiasmo (p. 58).

Cuidar da saúde física. Caso haja desconforto nas sessões, preparar-se com ássanas da ioga (pp. 170-3).

Desenvolver clareza sobre o que é meditar e confiar na sua capacidade de fazer progresso.

OBSTÁCULO

Desejo
Buscar felicidade fora de si e se apegar a desejos e fantasias.

Má vontade
Aversão, hostilidade, ressentimento ou raiva.

Falta ou instabilidade de execução
Não fazer progressos ou regredir na prática.

Confusão
Ilusões, suposições errôneas, falsa compreensão.

Negligência
Falta de cuidado ou atenção com o que a mente faz.

Preguiça
Letargia do corpo ou da mente.

Inquietude
Mente ansiosa, preocupada, cismada.

Dúvida
Questionar sua habilidade para meditar, a eficácia da técnica ou os ensinamentos dela.

Indiferença ou apatia
Não dedicar o esforço necessário à prática.

Doença
Doenças físicas dificultam ir mais fundo na meditação.

MEDITAÇÃO

SUPERE OS OBSTÁCULOS PARA MEDITAR

167

MELHORE SUA PRÁTICA

Respiração alternada pelas narinas

Praticar alguns exercícios simples de respiração antes de meditar ajuda a melhorar a sessão. A respiração alternada pelas narinas (*nadi shodhana*), mostrada aqui, é uma das técnicas mais eficazes da tradição iogue.

Na respiração alternada pelas narinas, os dedos polegar e indicador da mão direita são usados para abri-las e fechá-las, a fim de respirar apenas por uma narina de cada vez. Utilizar essa técnica por 3-4 minutos acalma o corpo, estabiliza o sistema nervoso e deixa a mente mais clara. Isso torna a respiração alternada uma excelente preparação para a meditação e um jeito muito eficaz de gerenciar emoções fortes e criar momentos de calma ao longo do dia.

ORIENTAÇÕES PARA RESPIRAR

Durante a prática, certifique-se de fazer respiração abdominal (pp. 70-1) inspirando e expirando pelo nariz. A respiração deve ser:

- **Lenta.** Calma – não é preciso ter pressa.
- **Profunda.** Quando inspirar, puxe bastante ar. Ao expirar, esvazie completamente os pulmões.
- **Regular.** A quantidade de ar inalado deve ser constante ao longo de todo o processo, como se você estivesse enchendo lentamente uma garrafa d'água. O mesmo vale na hora de expirar.

Em momento algum você deve sentir necessidade de parar e respirar normalmente. Se fizer isso, recomece o exercício com uma regularidade de respiração mais confortável para você, e com a expiração duas vezes mais longa que a inspiração. Quanto mais longa a respiração, mais forte o efeito da técnica, mas não force – você deve terminar com calma e energia, e não sem fôlego!

01 Sente-se confortavelmente onde estiver. Caso esteja se preparando para meditar, pode sentar-se em postura de meditação.

02 Pode ficar de olhos abertos, mas é melhor fechá-los para relaxar mais profundamente.

03 Respire fundo pelo nariz, depois solte todo o ar pela boca numa expiração longa, produzindo de leve o som "haaa". Ao terminar, feche a boca.

04 Curve os dedos indicador e médio para que toquem a base do polegar. Feche a narina direita com o polegar direito e inspire pela narina esquerda, contando 1, 2, 3.

05 Feche a narina esquerda com o dedo anular da mão direita e abra a narina direita. Expire contando 1, 2, 3, 4, 5, 6.

06 Inspire pela narina direita contando até 3, depois feche a narina direita, abra a esquerda e expire contando até 6. Isso completa um ciclo de respiração. Pratique 10-20 ciclos.

07 Se inspirar por 3 segundos e expirar por 6 for difícil, você pode tentar inspirar por 2 segundos e expirar por 4. Se for muito fácil, aumente o tempo, sempre expirando pelo dobro do tempo da inspiração.

08 Note a diferença no corpo, na mente. Relaxe o braço que ficou erguido. Se estiver de olhos abertos, feche-os e prossiga com a meditação. Ou então abra os olhos e conclua a prática.

RESPIRAÇÃO E EQUILÍBRIO

A tradição iogue inclui vários exercícios respiratórios chamados pranayama. Eles ensinam que:

A NARINA ESQUERDA está conectada ao sistema nervoso parassimpático e ao lado direito do cérebro.

A NARINA DIREITA está conectada ao sistema nervoso simpático e ao lado esquerdo do cérebro.

Então, ao alternar a respiração entre as narinas, você alcança equilíbrio e relaxamento maiores do sistema nervoso e uma interação maior entre os dois hemisférios cerebrais.

SESSÕES MAIS LONGAS: PREPARE-SE

Ássanas da ioga para meditação

Com a postura e os equipamentos certos, você consegue meditar em posição sentada por cerca de 20 minutos. Mas se quiser meditar por mais tempo, ou começar a ir a retiros, é importante preparar melhor o seu corpo.

Os ássanas, ou posturas, da ioga foram criados originalmente para manter o corpo saudável, flexível e forte para a meditação profunda. Eles ajudam você a:

- **Desenvolver flexibilidade** nos quadris e joelhos. Quanto mais flexíveis forem seus quadris e joelhos, mais equilíbrio e relaxamento você sentirá ao meditar.
- **Fortalecer os músculos das costas**, permitindo manter costas e pescoço eretos por mais tempo, pois eles são os únicos músculos que não relaxam durante a meditação.
- **Relaxar as tensões** físicas mais profundamente, o que também ajuda a relaxar as tensões mentais.

Pratique os ássanas mostrados aqui e prepare seu corpo para sessões mais longas. Você pode tentar outros ássanas com orientação de um professor de ioga e talvez queira incluir um giro de coluna. Se tiver problemas de saúde, fale primeiro com seu médico.

POSTURA DA BORBOLETA OU DO ÂNGULO LIMITE
(*Poorna titali asana* ou *Baddha konasana*)
Melhora a flexibilidade de quadris e virilha. Se os quadris ou a região lombar estiverem enrijecidos, sente-se num cobertor dobrado.

03 Mova de leve a pelve para trás, a fim de manter a coluna reta.

02 Dobre os joelhos, deixando-os cair para os lados, e junte os pés. Deixe os calcanhares o mais perto possível da pelve.

01 Sente-se no chão com as pernas estendidas à sua frente.

03 Quando alcançar seu limite, estique os braços atrás das costas. Junte e erga as mãos até os braços ficarem perpendiculares ao chão o máximo possível, mas sem forçar demais.

02 Lentamente, curve-se para a frente a partir dos quadris, o máximo possível sem ficar desconfortável, com as costas alongadas.

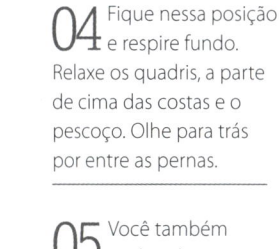

01 Fique de pé com as pernas bem afastadas, dedos dos pés apontando para a frente, costas retas.

04 Fique nessa posição e respire fundo. Relaxe os quadris, a parte de cima das costas e o pescoço. Olhe para trás por entre as pernas.

05 Você também pode soltar os braços e segurar as panturrilhas ou os tornozelos com as mãos.

ALONGAMENTO COM OS PÉS AFASTADOS
(*Prasarita padottanasana*) Esse ássana alonga, solta e relaxa os músculos da coluna. Uma opção alternativa é a postura da criança (p. 95).

05 Você pode aprofundar o alongamento segurando os pés e pressionando as coxas para baixo com os cotovelos. Quando estiver bem alongado, mantenha a postura por alguns segundos, respirando fundo.

04 Segure os pés com as mãos e suavemente levante e abaixe os joelhos 30-50 vezes, sem empurrá-los. Ou coloque as mãos nos joelhos para impulsionar as pernas para cima e para baixo.

COMO PRATICAR OS ÁSSANAS

Faça os ássanas de acordo com seu tempo e suas necessidades, tendo em mente as orientações seguintes. As posições devem alongá-lo, mas sem causar dor: vá devagar, com cuidado, sem forçar limites. Na dúvida, consulte um médico e um professor de ioga.

FIQUE EM CADA POSTURA pelo menos 30 segundos.

SE PRATICAR ÁSSANAS que curvem as costas numa direção, faça depois uma posição que as curve na direção oposta, pelo mesmo período de tempo.

ACABE A SESSÃO com uma postura relaxante, sempre.

171

SESSÕES MAIS LONGAS: PREPARE-SE

CONTINUA ▶

CONTINUAÇÃO ▶

01 Sente-se com as pernas estendidas à frente e mantenha os pés juntos.

02 Erga de leve o corpo por um momento, afastando-o do chão com as mãos, e posicione a pelve mais para trás a fim de endireitar a coluna.

03 Solte o ar e curve-se para a frente a partir dos quadris. Estenda os braços para a frente e deslize as mãos pelas pernas até o mais longe possível, sem se sentir desconfortável.

04 Mantenha a posição, respirando fundo e relaxando a tensão nos quadris, coxas e músculos das costas sempre que soltar o ar.

05 Quando estiver pronto, use os braços para levantar-se bem lentamente.

POSTURA DA PINÇA
(Paschimottanasana)
Essa postura fortalece os músculos das costas. Se sentir desconforto na região lombar, sente-se sobre um cobertor dobrado.

---

01 Deite de bruços, com a testa apoiada no chão.

02 Estenda os braços para a frente, palmas das mãos viradas para baixo.

03 Mantenha pernas retas e paralelas, com os dedões dos pés se tocando.

04 Feche os olhos e relaxe o corpo inteiro, prestando atenção na respiração ou no corpo como um todo.

POSTURA INVERTIDA DO CADÁVER
(Advasana)
Essa postura bem relaxante é adequada para terminar a prática. Outra opção é deitar de costas (pp. 68-9).

POSTURA DO OMBRO
(Kandharasana)
Essa postura é útil para fortalecer os músculos da região lombar.

01 Deite de costas no chão.

02 Dobre os joelhos. A sola dos pés toca o chão. Os calcanhares, afastados na largura dos quadris, tocam as nádegas.

03 As mãos seguram os calcanhares.

04 Inspire, depois erga as nádegas e as costas, formando um arco. Pés, ombros e pescoço permanecem na mesma posição, encostados no chão.

05 Respire normalmente e sinta o alongamento e a energia na região lombar.

POSTURA DA ESFINGE (OU FÁCIL DA COBRA)
(Saral bhujangasana)
Fortalece a parte superior das costas. Outra opção é a posição do crocodilo (p. 95).

01 Deite de bruços com as pernas estendidas. Mantenha os pés unidos, com o peito dos pés encostado no chão.

02 Apoie no chão os cotovelos (na linha dos ombros) e os antebraços (paralelos entre si).

03 Erga o tronco, mantendo o umbigo em contato com o chão. Olhe para a frente. Sinta o alongamento da metade das costas para cima.

04 Para a postura completa da cobra (*Bhujangasana*), apoie as mãos um pouco para fora da linha dos ombros e estenda os braços.

SESSÕES MAIS LONGAS: PREPARE-SE

PARA AVANÇAR, RETIRE-SE!

O que esperar

Fazer um retiro para meditar é um jeito muito bom de levar a prática a um novo patamar. Saber o que esperar e quando ir ajuda a aproveitar melhor a experiência.

Retiros dão uma pausa na vida, possibilitando aprofundar-se na meditação livre das distrações costumeiras, mas não são feitos para relaxar. Eles podem despertar emoções intensas, então é preciso estar preparado para isso e considerar o melhor momento para ir. Também é possível que você veja um lado seu que não sabia que existia, e num retiro não existe como ignorar isso. Por essa razão, retiros são um ótimo lugar para transformação e introspecção maiores.

Ao possibilitar o avanço do autoentendimento, os retiros lhe permitem lidar melhor com os desafios cotidianos. Você também se torna mais consciente de como o seu entorno e as outras pessoas afetam sua energia e seus estados de espírito. Essa consciência aumentada lhe dá poder para fazer mudanças positivas concretas, como distanciar-se de situações negativas.

O QUE ESPERAR

Tudo num retiro é preparado para que você foque exclusivamente a meditação. Cada um tem práticas, regras e abordagens diferentes, por isso pesquise bem as opções disponíveis. A maioria dos retiros, porém, partilha os seguintes elementos:

- **Duração.** Para uma experiência mais leve, um retiro de 1-3 dias é adequado para iniciantes, mas alguns podem durar 5-10. Não importa o número de dias, pedirão que você fique o período completo.
- **Rotina.** A rotina durante a estada geralmente é bem simples, e costuma ficar claro o que você deve fazer. Isso permite que sua mente esteja vazia e presente, o que facilita a meditação. Para evitar distrações mentais, além de meditar você fará outras atividades relacionadas, como ioga.
- **Alimentação.** Para o bem-estar físico, retiros costumam oferecer comida vegetariana e lanches saudáveis, em horários determinados. Isso ajuda o corpo a ficar mais leve e evita gastar energia na digestão de alimentos mais pesados.
- **Alojamento.** Certos lugares têm quartos individuais, mas aproveite o retiro para sair de sua zona de conforto e experimentar a vida comunitária, dividindo um quarto com uma ou mais pessoas do mesmo gênero que você.
- **Silêncio.** O aprofundamento da meditação é bastante facilitado pela regra do silêncio, que deve durar a maior parte do dia durante todo o retiro. Tudo é organizado para que você não precise conversar com ninguém.
- **Leitura.** Para permitir que você enfrente e absorva suas experiências, muitos retiros desencorajam a leitura, o que alimenta a mente com novos conceitos e ideias.
- **Aparelhos.** Para manter o foco, a presença e a clareza despertados via meditação, o uso de computadores, celulares e tablets não é recomendado.
- **Limpeza.** Muitos retiros sugerem prática da meditação em atividades como fazer limpeza em grupo. Na tradição zen isso é chamado de *samu*, e na ioga, de karma ioga.

"Fazer um retiro traz autocompreensão e ferramentas melhores para lidar com a mente e as emoções."

O QUE BUSCAR

Se você é um iniciante na meditação, um retiro talvez seja opressivo. No entanto, se você já estabeleceu uma prática diária há vários meses e deseja avançar, a experiência pode ser bastante benéfica.

Iniciante ou não, considere estas orientações:

DEVAGAR. Tente retiros de 1-3 dias antes de ir aos mais longos.

CONEXÕES. Alguns retiros são seculares, mas a maioria pertence a grupos espirituais. Escolha um que inclua a prática que você segue e seja liderado por um professor ou grupo que você respeite e com quem possa se conectar.

ABERTURA. Ao participar de um retiro, mantenha a mente aberta, disposta, e evite julgamentos. Deixar expectativas de lado e ter paciência e flexibilidade ajudam a aproveitar melhor a experiência.

UMA VIDA MAIS PLENA

Meditação como caminho espiritual

No século passado a meditação foi, em boa parte, separada de suas raízes religiosas. Mas, ao reconhecer o impacto positivo dela no corpo e na mente, talvez você se pergunte se ela também tem benefícios a oferecer no campo espiritual.

Para muita gente, a meditação vai bem além dos benefícios para a saúde e o bem-estar – ela é parte de um estilo de vida espiritualizado, um novo jeito de ver o mundo. Se isso é algo que você gostaria de explorar, as orientações nestas páginas podem ajudar.

SEGUINDO O LADO ESPIRITUAL

Em termos simples, espiritualidade é crer que a vida não se resume ao que os sentidos físicos captam, que o universo não é uma mecânica sem propósito, que a consciência é mais que a bioquímica cerebral e que a existência vai além do corpo e de suas necessidades físicas.

Desse ponto de vista, a prática da meditação pode ter como alvo o crescimento, a purificação, o desenvolvimento ou a liberação espirituais – mas isso depende da linha que você adota (pp. 20-1).

Ao embarcar nessa jornada espiritual, vale a pena ter em mente as seguintes orientações:

- **Tradições diferentes** podem ter teorias e práticas contrastantes. Experimente diversos caminhos para poder compará-los. Lembre que uma abordagem única pode não ser boa para todo mundo.
- **Pode ajudar** conhecer diferentes professores e abordagens dentro de uma mesma tradição.
- **Veja como se sente** em cada grupo e ouça suas emoções e a intuição.
- **Observe professores** e alunos mais experientes: eles reúnem as qualidades e o conhecimento que você procura?
- **Conforme progride**, talvez você descubra que algo que considerava útil já não lhe serve mais. Saiba que é possível mudar de caminho se assim desejar.

ESCOLHA SEU CAMINHO

Assim como você é orientado a descobrir a técnica de meditação que melhor se adapta à sua personalidade e às suas necessidades, pode explorar distintos aspectos da espiritualidade conhecendo diferentes ideias, livros, professores e grupos para ver onde se sente mais à vontade. Um bom jeito de começar pode ser explorando as tradições das práticas de que mais gosta.

"Conhecer o lado espiritual da meditação pode dar um sentido novo à vida."

SERÁ QUE É BOM PARA MIM?

Leia abaixo os objetivos da meditação como prática espiritual – se algum deles tocá-lo, talvez você se beneficie ao explorar o lado espiritual da prática.

PURIFICAR A MENTE E O CORAÇÃO de ilusões e padrões negativos.

DESCOBRIR E ATUALIZAR seu verdadeiro Eu (consciência ou espírito).

ENTREGAR-SE E UNIR-SE ao Divino, na forma em que você acredita que ele existe.

ERRADICAR ILUSÕES e enxergar a realidade como ela é.

ALCANÇAR A ILUMINAÇÃO, a liberdade ou o despertar espiritual.

DISSOLVER O EGO OU A PERSONALIDADE, como uma gota d'água imergindo no oceano.

HARMONIZAR-SE com o Espírito, ou Tao.

LIBERAR-SE do ciclo terreno de nascimento e morte.

Para saber mais sobre os benefícios espirituais da meditação, veja "A prática da espiritualidade" (pp. 28-9).

CONEXÃO COM O DIVINO

Meditação e devoção

Um dos muitos propósitos espirituais da meditação é a devoção. Se estiver interessado nesse lado da prática, a meditação devocional, como a kirtan, pode ser um modo de alcançar conexão espiritual.

Enquanto algumas linhas veem o propósito espiritual da meditação como a purificação ou libertação da mente do sofrimento, outras, incluindo o misticismo cristão e a bakhti ioga hindu, encaram a meditação como um meio de devoção. Isso significa focar o coração e a mente no Divino enquanto se desenvolve uma profunda emoção e entrega religiosa, o que é um jeito marcante de explorar o lado espiritual da prática.

No misticismo cristão, por exemplo, meditar ajuda a manter a mente e o coração focados em Deus por meio da repetição de uma palavra ou frase sagrada, ou da concentração na presença divina. A abordagem hindu inclui práticas similares, como o kirtan, uma prática de canto grupal que está presente na tradição sique e, em sua forma secularizada, vem ganhando cada vez mais adeptos no Ocidente. O kirtan é uma boa introdução à meditação devocional por oferecer a experiência emocional da entrega sem exigir a crença em algo específico.

CANTO DEVOCIONAL

Kirtan é um canto responsorial dos "nomes do Divino", cantado em sânscrito ou hindi. Usa o fluxo da música e das emoções para evadir a mente e alcançar o estado de quietude ou de êxtase.

Como uma das principais práticas da bhakti ioga, a ioga do coração, o kirtan visa despertar o sentimento de *bhakti* no coração, levando a um estado alterado de consciência. *Bhakti* é um sentimento de devoção e entrega a um elevado ideal espiritual, tenha ele o nome e a forma que você preferir. Quanto mais desenvolvido o *bhakti* em você, mais você sente elevação, encanto, êxtase. O kirtan também melhora a sensibilidade e acalma a mente. Para começar, o melhor modo de experimentar o kirtan é juntar-se a um grupo de meditação ou ioga. Leve em consideração as seguintes orientações:

● **Atitude.** *Bhava* – a emoção e a atitude por trás do canto –, o elemento mais importante do kirtan. Proporciona a abertura do coração, a liberação e a canalização das emoções.

"O kirtan ajuda a se conectar com algo profundo dentro de si mesmo. Você canta para despertar seu próprio coração."

- **Abertura.** O kirtan nos leva a deixar os domínios da mente para nos conectarmos a partir de um ponto de abertura e entrega. No início, pode ser desconfortável; por isso, escolha um grupo no qual se sinta seguro.
- **Sem julgamento.** Sua mente pode lhe dizer que sua voz é ruim ou que cantar em grupo é estranho, mas você só viverá a experiência de saber o que o kirtan pode fazer por você se suspender qualquer julgamento durante a sessão.
- **Amabilidade.** Som e voz são os veículos da emoção; a mente só atrapalha o caminho. Deixe seu intelecto de lado e permita-se experimentar as emoções que vierem. Abra seu coração, esteja presente por inteiro e deixe o kirtan conduzi-lo rumo ao que pode ser um lugar novo e misterioso para você.

Após alguns cantos, você pode chegar a um espaço cheio de silêncio, abertura e amabilidade. Se isso ocorrer, continue sentado ou fique de pé em silêncio e desfrute a meditação.

Conectando-se
Se você busca conexão espiritual via meditação, pode querer experimentar técnicas devocionais.

SAMADHI

O auge do domínio completo da mente

Até onde a meditação pode nos levar? Quais estados mentais e experiências podem ser alcançados com ela? Várias linhas meditativas descrevem o ápice da meditação como *samadhi*, o estado de perfeito domínio mental.

Há várias definições de *samadhi*, mas, nas tradições iogue e védica, *samadhi* é um estado de absorção equivalente ao que os budistas chamam de *jhana*. Existem diversos níveis diferentes de *samadhi*, mas segundo a definição clássica todos têm em comum o seguinte:

- **União completa e ininterrupta** da consciência com o objeto de meditação. Mente e objeto tornam-se um, sem qualquer dualidade. Por fim, quando até o objeto desaparece ou transforma-se em algo mais sutil, abre-se sem esforço um novo nível de *samadhi*.
- **Ausência completa e contínua** de pensamentos, total quietude da mente. Nem um único pensamento, nenhuma memória ou imagem aparece na mente por minutos ou até horas.
- **Inconsciência do que ocorre ao redor**, como se os seus sentidos tivessem sido desligados. Alguém poderia chamar seu nome e você nem escutaria.
- **Inconsciência do corpo.** Sua consciência libertou-se temporariamente das limitações do corpo, da identificação com o corpo, mas continua presente. Seu corpo poderia sentir dor, mas você não repararia nisso.

No *samadhi*, a individualidade ou o ego não estão operantes. Nesse estado, você passa por uma purificação profunda da mente consciente e inconsciente e retorna transformado e incapaz de explicar o que lhe aconteceu.

Tanto no budismo como na ioga, *samadhi* é o ápice das práticas de concentração, mas não é o mesmo que iluminação. Em vez disso, trata-se do melhor instrumento, ou prática, para alcançar o objetivo final.

Embora você possa vivenciar os benefícios da meditação sem alcançar o *samadhi* ou mesmo se aproximar dele, é importante saber que ele existe. Chegar ao *samadhi* é um alvo bastante ambicioso, e atualmente alguns professores de meditação não dão tanta ênfase a ele nem o descrevem em termos exequíveis. Melhor pensar nele como uma direção a seguir, uma inspiração para a prática.

A JORNADA DO SAMADHI

A cada nível do *samadhi*, os objetos e os estados mentais tornam-se cada vez mais sutis. Na tradição iogue, por exemplo, há oito níveis de *samadhi* "com um objeto" (*sabija samadhi*), começando com objetos "toscos" ou físicos, como a respiração ou a chama de uma vela, e indo até objetos mais sutis, como a própria consciência (a essência do "eu sou"). Depois disso, vem a "absorção sem objeto" (*nirbija samadhi*). Do mesmo modo, o budismo fala dos *jhanas* da forma e dos *jhanas* sem forma.

Esse estágio final do *samadhi* é muito raro, mesmo entre monges e outros adeptos experientes. Ter um vislumbre dele é uma coisa, ter a habilidade de alcançá-lo quando se quer é outra, bem diferente.

"Samadhi é um estado inabalável de paz, conhecimento direto e suprema bem-aventurança."

INDICAÇÕES DE LEITURA

INFORMAÇÃO GERAL

Aprendendo a silenciar a mente (Osho; Sextante, 2002)
De um jeito leve, o influente líder espiritual traduz conceitos e conta histórias da meditação. Vem com um CD.

A arte da meditação (Daniel Goleman; Sextante, 2018)
O autor ensina quatro técnicas de meditação tradicionais. Vem com um CD.

Atenção plena (Ken A. Verni; Publifolha, 2018)

Caderno de exercícios de meditação no cotidiano (Marc de Smedt; Editora Vozes, 2011)

Cérebro e meditação (Matthieu Ricard e Wolf Singer; Alaúde, 2018)

A ciência da meditação (Daniel Goleman; Objetiva, 2017)

LiveAndDare
Blog de autor. Cobre tópicos da meditação de forma pragmática e não sectária.
liveanddare.com

Meditação para ocupados (Osho; Best Seller, 2016)

Meditação para quem não acha que consegue meditar (Sandro Bosco; Matriz, 2015)

MEDITAÇÃO IOGUE E FILOSOFIA

Asana Pranayama Mudra Bandha (Swami Satyananda Saraswati)
Extensa coleção de ássanas (posturas) da ioga e de pranayama (exercícios respiratórios), explicados de forma fácil e acompanhados de contexto teórico.

Bihar Yoga
Esse site, dos gurus da bihar yoga, apresenta antigas práticas secretas da ioga de modo acessível e fácil de seguir.
biharyoga.net

Fórum Ioga Brasil
yogabrasil.org

Himalayan Institute
Um legado de Swami Rama, importante iogue que viajou para o Ocidente no século XX.
himalayaninstitute.org

Path of Fire and Light: Volume 2 (Swami Rama)
Livro que aborda mantra, kundalini e meditações com exercícios de respiração. Traz uma discussão sobre trabalhar com a mente e seus padrões.

Sure Ways to Self-Realization (Swami Satyananda Saraswati)
Trabalho aprofundado sobre os diferentes tipos de meditação da tradição iogue e de outras tradições, incluindo silêncio interior (*antar mouna*), mantra (*japa*), ioga nidra, trátaka e kundalini (*kriya yoga*). Obrigatório para quem gosta de técnicas iogues.

SwamiJ
Artigos que exploram o lado contemplativo da ioga e as tradições tântricas.
swamij.com

Traditional Yoga Studies
Para os que desejam ter uma compreensão mais profunda da história e da filosofia da ioga.
traditionalyogastudies.com

Yoga Forums
Maior fórum on-line sobre tudo relacionado a ioga, incluindo técnicas de meditação iogue e pranayama (exercícios respiratórios).
yogaforums.com

MEDITAÇÃO VÉDICA E FILOSOFIA

Advaita Bodha Deepika (Sri Karapatra Swami)
Texto clássico, curto, que delineia todo o caminho espiritual da não dualidade e da autoinvestigação.

Advaita Made Easy (Dennis Waite)
Introdução ao pensamento védico e à não dualidade.

The Heart of Awareness: A Translation of the Ashtavakra Gita (trad. Thomas Byrom)
Tradução do *Ashtavakra Gita* com comentários explicando a filosofia da escola advaita vedanta.

I Am That (Nisargadatta Maharaj)
Clássico moderno espiritual que ensina a técnica de meditação "eu sou".

Nisargadatta Maharaj
Nisargadatta Maharaj é o autor do clássico espiritual moderno *Eu sou aquilo* e mestre da técnica meditativa da autoinvestigação.
nisargadatta.net

Sri Ramana Maharshi
Ramana Maharshi foi o primeiro guru indiano a popularizar a prática da meditação autoinvestigativa. Esse é seu site oficial.
sriramanamaharshi.org

Vedanta Spiritual Library
Grande biblioteca on-line de textos tradicionais sobre os ensinamentos e a filosofia védicos.
celextel.org

Vedantic Meditation: Lighting the Flame of Awareness (David Frawley)
Leitura acessível sobre os princípios e práticas dessa linha meditativa.

MEDITAÇÃO BUDISTA E FILOSOFIA

Access to Insight
Biblioteca on-line de textos tradicionais budistas e áudios de professores da tradição da floresta tailandesa do budismo theravada.
accesstoinsight.org

Dhamma.org
Ensinamentos da meditação vipassana por S. N. Goenka.
dhamma.org

Dzogchen – A essência do coração da grande perfeição (Dalai Lama; Gaia, 2016)
A obra traz os ensinamentos do líder espiritual a estudantes europeus e norte-americanos acerca do dzogchen.

Felicidade genuína (B. Alan Wallace; Lúcida Letra, 2015)
Conjunto de técnicas de meditação tibetanas, da atenção plena na respiração aos elevados métodos do dzogchen.

Insight Meditation Society
Site da Insight Meditation Society. Ensinamentos contemporâneos e retiros de vipassana, atenção plena e bondade amorosa.
dharma.org

Meditação vipassana: A arte de viver segundo S. N. Goenka (William Hart; Dhamma Livros)
Livro eletrônico sobre essa técnica de meditação, ensinada por um conhecido professor de origem birmanesa.

Mente zen, mente de principiante (Shunryu Suzuki; Palas Athena, 1994)
Prática do zen, com explicações sobre postura, respiração, não dualidade, vazio, iluminação.

Novo manual de meditação (Geshe Kelsang Gyatso; Editora Tharpa Brasil, 2016)
Explicação de 21 meditações kadampa que, juntas, constituem o completo caminho budista da iluminação.

Stages of Meditation (Dalai Lama)
Um panorama das práticas de meditação budistas.

Tara Brach
Os ensinamentos de Tara Brach mesclam psicologia ocidental e práticas espirituais orientais. Além de conhecida professora budista, Tara é doutora em psicologia clínica.
tarabrach.com

Zen Buddhism
Um dos principais sites sobre zen-budismo. Baseado na tradição japonesa soto zen, oferece várias fontes para o aprofundamento da prática zazen.
zen-buddhism.net

MEDITAÇÃO TAOISTA E FILOSOFIA

365 Tao: Daily Meditations (Deng Ming-Dao)
Obra mais acessível, com contemplações taoistas para o dia a dia.

Conhecendo o taoismo (Jennifer Oldstone-Moore; Editora Vozes, 2010)

Inside Zhan Zhuang (Mark Cohen)
Livro sobre a postura "abraço da árvore", do tai chi.

Tao: The Watercourse Way (Allan Watts)
Panorama contemporâneo da filosofia e da prática do taoismo.

Taoistic
Fonte on-line de ensinamentos filosóficos do taoismo.
taoistic.com

MEDITAÇÃO SUFI E FILOSOFIA

The Healing Power of Sufi Meditation (Nurjan Mirahmadi as-Sayyid)
Embora técnico, oferece boas e

autênticas informações sobre métodos sufistas.

Sufi Meditation and Contemplation (ed. Scott Kugle)
Tradução de três importantes textos sufistas, com comentários. Um dos livros mais relevantes sobre meditação sufista.

Sufi Saints & Sufism
Exploração aprofundada das muitas práticas espirituais do sufismo.
sufisaints.net

Sufism: The Transformation of the Heart (Llewellyn Vaughan-Lee PhD)
Ótima introdução à filosofia e prática do sufismo.

APLICATIVOS DE MEDITAÇÃO GUIADA
(disponíveis em Google Play e App Store da Apple)

Em português
Medite.se
Vivo Meditação
Zen
5 Minutos
Medita!

Em inglês
Headspace
Insight Timer
Aura

CENTROS DE ESTUDOS E DE MEDITAÇÃO NO BRASIL

CEBB (Centro de Estudos Budistas Bodisatva)
Coordenado pelo Lama Padma Samten, tem vários centros espalhados pelas cinco regiões do Brasil. Oferece retiros, palestras e cursos.
www.cebb.org.br

Centro de Meditação Kadampa Mahabodi
Meditação budista na escola kadampa, em São Paulo.
www.meditadoresurbanos.org.br

Centro Nyingma do Brasil
Cursos de meditação, estudos budistas e ioga tibetano, em São Paulo.
www.centronyingmabrasil.org

Centro Shambhala de Meditação de São Paulo
Centro de meditação shamatha e vipassana, atenção plena e consciência panorâmica.
https://shambhala-brasil.org

Dhamma Sarana
Em Santana do Parnaíba (SP), oferece cursos de meditação vipassana seguindo os ensinamentos de S. N. Goenka, com duração de dez dias.
www.dhamma.org

Instituto Visão Futuro
Em Porangaba (SP), centro coordenado pela psicóloga e mestre de ioga Susan Andrews, oferece cursos de meditação, biopsicologia, ayurveda e capacitação de instrutores de ioga, entre outros.
www.institutovisaofuturo.org

Monja Coen
Cursos e palestras sobre budismo zen, em São Paulo.
www.monjacoen.com.br

BIBLIOGRAFIA

Embora todos os esforços tenham sido feitos para que o conteúdo deste livro seja preciso, o editor se desculpa por quaisquer erros ou omissões, e ficaria grato ao ser notificado de quaisquer incorreções.
As fontes são apresentadas na ordem em que aparecem no livro.

pp. 22-3 Aperfeiçoe capacidades

Zeidan, F. et al, "Mindfulness meditation improves cognition: Evidence of brief mental training", *Consciousness and Cognition* 19, nº 2 (2010), pp. 597-605; Colzato, L. S. et al, "Meditate to create: The impact of focused-attention and open-monitoring training on convergent and divergent thinking", *Frontiers in Psychology* 3, nº 116 (2012); Hölzel, B. K. et al, "Mindfulness practice leads to increases in regional brain gray matter density", *Psychiatry Research: Neuroimaging* 191, nº 1 (2011), pp. 36-43; Lush, P. et al, "Metacognition of intentions in mindfulness and hypnosis", *Neuroscience of Consciousness* (2016), pp. 1-10; Kaul, P. et al, "Meditation acutely improves psychomotor vigilance, and may decrease sleep need", *Behavioral and Brain Functions* 6, nº 47 (2010); Luders, E. et al, "The unique brain anatomy of meditation practitioners: Alterations in cortical gyrification", *Frontiers in Human Neuroscience* 6, nº 34 (2012).

pp. 24-5 Alcance o bem-estar emocional

Raes, F. et al, "School-based prevention and reduction of depression in adolescents: A cluster-randomized controlled trial of a mindfulness group program", *Mindfulness* 5, nº 5 (2014), pp. 477-86; Arias, A. J. et al, "Systematic review of the efficacy of meditation techniques as treatments for medical illness", *The Journal of Alternative and Complementary Medicine* 12, nº 8 (2006), pp. 817-32; Chen, K. W. et al, "Meditative therapies for reducing anxiety: A systematic review and meta-analysis of randomized controlled trials", *Depression and Anxiety* 29, nº 7 (2012), pp. 545-62; Fredrickson, B. L. et al, "Open hearts build lives: Positive emotions, induced through loving-kindness meditation, build consequential personal resources", *Journal of Personality and Social Psychology* 95, nº 5 (2008), pp. 1.045-62; Mascaro, J. S. et al, "Compassion meditation enhances empathic accuracy and related neural activity", *Social Cognitive and Affective Neuroscience* 8, nº 1 (2013), pp. 48-55; Hölzel, B. K. et al, "Mindfulness practice leads to increases in regional brain gray matter density", *Psychiatry Research: Neuroimaging* 191, nº 1 (2011), pp. 36-43; Creswell, J. D. et al, "Mindfulness-based stress reduction training reduces loneliness and pro-inflammatory gene expression in older adults: A small randomized controlled trial", *Brain, Behavior, and Immunity* 26, nº 7 (2012), pp.1095-101.

pp. 26-7 Meditar deixa o corpo zen

Gu, J. et al, "How do mindfulness-based therapy and mindfulness-based stress reduction improve mental health and wellbeing?", *Clinical Psychology Review* 37 (2015), pp. 1-12; Epel, E. et al, "Can meditation slow rate of cellular aging? Cognitive stress, mindfulness, and telomeres", *Longevity, Regeneration, and Optimal Health Integrating Eastern and Western Perspectives* (2009), pp. 34-5; Davidson, R. J. et al, "Alterations in brain and immune function produced by mindfulness meditation", *Psychosomatic Medicine* 65, nº 4 (2003), pp. 564-70; Goyal, M. et al, "Meditation programs for psychological stress and well-being: A systematic review and meta-analysis", *JAMA Internal Medicine* 174, nº 3 (2014), pp. 357-68; Orme-Johnson, D. W. e Barnes, V. A. "Effects of the transcendental meditation technique on trait anxiety: A meta-analysis of randomized controlled trials", *The Journal of Alternative and Complementary Medicine* 20, nº 5 (2014), pp. 330-41; Scheider, R. H. et al, "Stress reduction in the secondary prevention of cardiovascular disease", *Circulation: Cardiovascular Quality and Outcomes* 5, nº 6 (2012); Teut, M. et al, "Effectiveness of a mindfulness-based walking programme in reducing symptoms of stress – A randomized controlled trial", *European Journal of Integrative Medicine* 4, nº 1 (2012), p. 78.

ÍNDICE

Numeração de página em **negrito** refere-se às entradas principais.

A

abdominal, respiração **70-1**, 76
  respiração alternada pelas narinas **168-9**
abelha, pranayama da
  veja pranayama da abelha
abstrata, meditação
  veja meditação abstrata
alegria **29**
almoço, meditação no horário de **154**
alongamento com os pés afastados **171**
  veja também postura da criança
alternada, respiração pelas narinas 162, **168-9**
  meditação e trabalho 152
  veja também pranayama da abelha
ângulo limite, postura do
  veja postura do ângulo limite
ansiedade social, superar **147**
  veja também emoções, gerenciar; visualização
ansiedade, controle da 25, **76-7**
  falar em público **158-9**
  obstáculos à meditação, superar **166-7**
  pranayama da abelha 76, **88-9**
apenas sentado, zazen 21, **84-5**, 156, 160
aperfeiçoe capacidades **22-3**
  veja também atenção plena; autoconsciência; foco; força de vontade
aqui e agora, zazen 21, **84-5**, 156, 160
ássanas da ioga **94-5**, **170-3**
  e ansiedade 76
  alongamento com os pés afastados **171**
  à mesa de trabalho 155
  obstáculos à meditação, superar **166-7**
  postura birmanesa 61, **66-9**
  postura da árvore **94**
  postura da borboleta **170**
  postura da criança **95**, 171
  postura da esfinge **173**
  postura da pinça **172**
  postura do ângulo limite **170**
  postura do crocodilo **95**, 173
  postura do ombro **173**
  postura fácil da cobra **173**
  postura invertida do cadáver **172**
  veja também kinhin; tai chi
atenção
  aperfeiçoe capacidades **22-3**
  e reflexão **54-5**, 163
  meditação e trabalho **152-5**
  poder da 24, **32-3**
  veja também consciência
atenção plena (mindfulness) 12, 21, **30-1**, **82-3**
  aperfeiçoe capacidades **22-3**
  comunicação atenta 154
  controle de estresse **27**
  e atletas 156
  e criatividade 160
  e habilidades pessoais 150
  veja também ioga nidra; kinhin; minimeditações; nomeação de pensamentos; silêncio interior; vipassana; visualização; zazen
atletas **156-7**
  veja também atenção plena; força de vontade; motivação
audição, som do agora (minimeditação 5) **52-3**
aulas e professores de meditação 15, 163
  obstáculos à meditação, superar 55, **166-7**
  prática em grupo **80**
autoconfiança, atletas **156-7**
  veja também motivação

autoconsciência 25, **28**, **34-5**
  aperfeiçoe capacidades **22-3**
  comunicação atenta 154
  desenvolvimento da coragem **150-1**
  distração digital **142-3**
  habilidades pessoais, desenvolver **150-1**
  o próprio eu, meditações tântricas **133**
  veja também consciência; força de vontade
autocontrole **34-5**
autoinvestigação 20, **124-5**
  veja também meditação abstrata; neti neti; zuowang

B

banquinho, meditação no **68**
bhakti ioga, meditação como devoção **178-9**
birmanesa, postura *veja* postura birmanesa
bondade amorosa, meditação da *veja* meditação da bondade amorosa
borboleta, postura *veja* postura da borboleta
budismo e meditação zen 17, 18, **21**, 28
  atenção plena *veja* atenção plena
  bondade amorosa, meditação *veja* meditação da bondade amorosa
  kinhin *veja* kinhin
  meditação abstrata **122-3**
  meditação com mandala 21, **106-7**
  rituais 164
  samadhi **180-1**
  visualização **104-5**
  vipassana *veja* vipassana
  zazen 21, **84-5**, 156, 160

C

cabala judaica **19**
cadeira, meditação na cadeira **69**

calma, mente 12
   controle de estresse **26-7**
   falar em público **158-9**
caminhada e meditação
   informal **154**
   kinhin *veja* kinhin
caminho, crie seu **80-1**
cantos kirtan 80, **178-9**
cérebro, benefícios da meditação
   para o **23**
   veja também clareza mental
chacras
   kundalini 21, **100-1**
   terceiro olho, meditação
   veja meditação do terceiro olho
clareza mental
   benefícios da meditação para
   o cérebro **23**
   meditação e trabalho **152-5**
   solução de problemas **148-9**
cobra, postura fácil da **173**
   veja também postura do crocodilo
coceira, como lidar **55**
cognitivo, poder; solução de
   problemas **148-9**
comprometimento, poder de **62-3**
   veja também motivação
comunidade de meditação 64
concentração **74-5**, 80
   atletas **156-7**
   autoinvestigação 20, **124-5**
   bondade amorosa *veja* meditação
   da bondade amorosa
   e memória **23**
   interior, silêncio *veja*
   silêncio interior
   kinhin *veja* kinhin
   kundalini 21, **100-1**
   mantras *veja* mantras
   meditação sem cabeça 21, **120-1**
   meditações tântricas **128-33**
   obstáculos, superar **166-7**
   terceiro olho, meditação *veja*
   meditação do terceiro olho
   trátaka *veja* trátaka
   use as mãos *veja* posição das
   mãos (mudras)
   zazen 21, **84-5**, 156, 160
   veja também relaxamento;
   visualização

confucionismo **16**
consciência 10, 15, 24, **30-1**, 80
   autoinvestigação 20, **124-5**
   criatividade 23, **160-1**
   e reflexão **54-5**, 163
   expansão da consciência **118-9**
   gerenciar emoções **144-5**
   ioga nidra *veja* ioga nidra
   mantras *veja* mantras
   meditação com mandala 21,
   106-7
   meditação sufi do coração
   136-7
   meditações tântricas **128-33**
   mente inconsciente **23**
   neiguan 20, **98-9**
   neti neti 20, **116-7**
   nomeação dos pensamentos
   veja nomeação dos pensamentos
   observando os pensamentos
   50-1
   postura da árvore **94**
   postura da criança **95**, 171
   postura do crocodilo **95**, 173
   silêncio interior *veja* silêncio
   interior
   viver no momento **36-7**
   zuowang 20, **126-7**
   veja também atenção;
   autoconsciência; foco;
   pensamentos
consciência corporal
   firme como uma montanha *veja*
   firme como uma montanha
   samadhi **180-1**
conte as respirações **48-9**
   veja também respiração
coração, meditação sufi do **20**
coragem, desenvolver a **150-1**
   veja também autoconsciência;
   força de vontade
cotidiano e momentos de meditação
   140-1
   veja também emoções, gerenciar
criança, postura da *veja* postura
   da criança
criatividade 23, **160-1**
   veja também atenção plena;
   desapego; visualização
crie seu caminho **80-1**

cristão, misticismo **18**
   meditação como devoção
   178-9

D

depressão 25
desafios pessoais, superar **146-7**
   e atletas 156
   falar em público **158-9**
   reuniões difíceis, preparando-se
   para 155
   veja também emoções, gerenciar;
   visualização
desapego 24
   criatividade 23, **160-1**
   zuowang 20, **126-7**
desculpas, arranjar **63**
diálogo interno **65**
distração 14, **154**
   distração digital **142-3**
   veja também autoconsciência
domínio completo da mente,
   samadhi **180-1**
dor
   paz além da dor, meditações
   tântricas **130**
   sentindo 55
dzogchen 21
   veja também zuowang

E

emocional, bem-estar **24-5**
emoções, controle das **144-5**, 155
   ansiedade social, superar **147**
   cotidiano e momentos meditativos
   140-1
   desafios pessoais, superar **146-7**,
   155, 156
   obstáculos à meditação, superar
   166-7
   veja também foco; estresse;
   relaxamento
empatia 25
equilíbrio, postura da árvore **94**
esfinge **173**
   veja também postura do
   crocodilo
espaço entre os pensamentos,
   meditações tântricas **133**

espiritualidade
 a prática da **28-9**, 162
 meditação como caminho espiritual **176-7**
 meditação e devoção **178-9**
esporte, atletas **156-7**
 veja também atenção plena; força de vontade; motivação
esquecimento, zuowang 20, **126-7**
estado de espírito positivo 14
estresse, controle do **26-7**
 pranayama da abelha 76, **88-9**
 veja também atenção plena; emoções, gerenciar; relaxamento
expansão da consciência **118-9**
 veja também meditação abstrata; meditação sem cabeça; meditações tântricas; visualização
expectativas realistas **40-1**
 experimentação 81

F

falar em público **158-9**
 veja também controle da ansiedade; desafios pessoais, superando; meditação e trabalho
filosofia grega **17**
firme como uma montanha (minimeditação 1) **44-5**, 55
 e atletas 156
 veja também minimeditações
fixe o olhar (minimeditação 2) **46-7**
 veja também minimeditações; olhar
flexibilidade *veja* ássanas da ioga
flutuar, meditações tântricas **128-33**
foco 10, 13
 aperfeiçoe capacidades **22-3**
 emoções, gerenciar **144-5**
 foco interior 10
 meditação e trabalho **152-5**
 neiguan 20, **98-9**
 trátaka *veja* trátaka
 veja também consciência
força de vontade
 aperfeiçoe capacidades **22-3**
 atletas **156-7**

desenvolvimento da coragem **150-1**
desenvolvimento das habilidades pessoais **150-1**
 veja também autoconsciência
fortalecimento das costas *veja* ássanas da ioga
frustração, pranayama da abelha 76, **88-9**
futuro, pensando sobre o **36-37**

H

habilidades pessoais, desenvolvimento das **150-1**
 veja também autoconsciência; força de vontade
hábito, prática cotidiana **58-61**

I

imagens
 bolhas 51
 nuvens no céu (minimeditação 4) 43, **50-1**
impermanência, insight sobre a *veja* vipassana
imunidade, melhora da **27**
infecção *veja* ouvidos
inspire, expire, conte as respirações (minimeditação 3) **48-9**
 veja também minimeditações; respiração
intuição, aumento da **29**
ioga nidra 21, **92-3**
 à mesa de trabalho 155
 desenvolvimento das habilidades pessoais 150
 e reflexão 55
 veja também atenção plena; meditação com mandala; minimeditações; neiguan
iogues, meditações 12, 16, **21**, 28
 kundalini 21, **100-1**
 mantras *veja* mantras
 meditação abstrata **122-3**
 meditação com mandala 21, **106-7**
 posição das mãos *veja* mãos, posição das (*mudras*)
 pranayama da abelha 76, **88-9**

respiração alternada pelas narinas *veja* alternada, respiração pelas narinas
samadhi **180-1**
silêncio interior *veja* silêncio interior
terceiro olho, meditação *veja* meditação do terceiro olho
trátaka *veja* trátaka
visualização **104-5**
irregular, respiração *veja* respiração

J

jainismo **16**
joelhos, postura de 68
jornada, meditação como uma 64
judaica, cabala 19

K

kinhin 21, **90-1**
 e ansiedade 76
 e ficar sentado à mesa 155
 veja também ássanas da ioga; atenção plena; tai chi; zazen
kirtan 80, **178-9**
 veja também mantras; meditação da bondade amorosa; meditação sufi do coração
koan 21
kriya ioga, kundalini 21, **100-1**
kundalini 21, **100-1**
 veja também meditação com mandala; meditação do terceiro olho; neiguan; visualização

L

ler sobre meditação 163

M

mandala, meditação com *veja* meditação com mandala
mantras 21, **110-11**
 kundalini 21, **100-1**
 terceiro olho, meditação *veja* meditação do terceiro olho
 veja também kirtan
mãos, posição das (*mudras*) **72-3**
 shashu (*mudra*) 91

meditação
	definição **10-1**
	derrubando mitos **12-5**
	tipos **20-1**
meditação abstrata **122-3**
	veja também autoinvestigação; expansão da consciência; meditações tântricas; silêncio interior; zazen
meditação com banquinho **68**
meditação com cadeira **69**
meditação com mandala 21, **106-7**
	veja também ioga nidra; kundalini; trátaka
meditação da bondade amorosa 21, **134-5**
	e atletas 156
	e bem-estar emocional 24, 25
	obstáculos, superar 167
	veja também kirtan
meditação do laço amoroso 20
meditação do terceiro olho **108-9**
	e atletas 156
	e criatividade 160
	veja também chacras; kundalini; mantras; trátaka; visualização
meditação e trabalho **152-5**
	veja também falar em público; foco; relaxamento
meditação orgásmica, meditações tântricas **130**
meditação sem cabeça 21, **120-1**
	veja também expansão da consciência; meditações tântricas; zazen
meditações em posição de pé
	postura da árvore **94**
	tai chi *veja* tai chi
	veja também meditações em posição deitada; meditações em posição sentada
meditações em posição deitada **68-9**
	nidra, ioga *veja* ioga nidra
	postura da criança **95**, 171
	postura da esfinge **173**
	postura do crocodilo **95**, 173
	postura fácil da cobra **173**
	postura invertida do cadáver **172**
	respiração abdominal **70-1**
	veja também meditações em posição de pé; meditações em posição sentada
meditações em posição sentada 14
	atenção plena *veja* atenção plena
	autoinvestigação 20, **124-5**
	consciência observadora **50-1**
	conte as respirações **48-9**
	expansão da consciência **118-9**
	firme como uma montanha *veja* firme como uma montanha
	fixe o olhar (minimeditação 2) **46-7**
	meditação abstrata **122-3**
	meditação da bondade amorosa *veja* meditação da bondade amorosa
	meditação sufi do coração **136-7**
	neiguan 20, **98-9**
	neti neti 20, **116-7**
	nomeação dos pensamentos *veja* nomeação dos pensamentos
	o som do agora (minimeditação 5) **52-3**
	postura birmanesa 61, **66-9**
	postura da borboleta **170**
	postura da pinça **172**
	pranayama da abelha 76, **88-9**
	respiração alternada pelas narinas *veja* alternada, respiração pelas narinas
	silêncio interior *veja* silêncio interior
	terceiro olho, meditação *veja* meditação do terceiro olho
	vipassana *veja* vipassana
	zazen 21, **84-5**, 156, 160
	zuowang 20, **126-7**
	veja também meditações em posição deitada; meditações em posição de pé
meditações iogues 21
	expansão da consciência **118-9**
	ioga nidra *veja* ioga nidra
	kundalini 21, **100-1**
	meditação sem cabeça 21, **120-1**
	meditações tântricas **128-33**
	silêncio interior *veja* silêncio interior
meditações tântricas **128-33**
	veja também expansão da consciência; meditação abstrata; meditação sem cabeça; visualização; zuowang
meditações taoistas 16, **20**, 28
	neiguan **98-9**
	tai chi *veja* tai chi
	visualização **104-5**
	zuowang 20, **126-7**
meditações védicas **20**
	autoinvestigação 20, **124-5**
	mantras *veja* mantras
	neti neti 20, **116-7**
meditar, lugar para 64
meditar a vida toda, a base para **64-5**
meditativa, mentalidade **37**, **41**, 61
melhorar, encontrar oportunidades para **166-7**
memória 23
	veja também concentração
mentalidade meditativa **37**, **41**, 61
mente calma **30-1**
	veja também pensamentos
mente, domínio completo da, samadhi **180-1**
mente inconsciente, consciência da 23
	veja também consciência
mesa de trabalho, muito tempo sentado à **155**
mindfulness *veja* atenção plena
minimeditações **40-55**
	acalme a mente **46-7**
	comece a jornada **40-1**
	conte as respirações **48-9**
	e distração digital 142
	firme como uma montanha (1) *veja* firme como uma montanha
	fixe o olhar (2) **46-7**
	inspire, expire, conte as respirações (3) **48-9**
	nuvens no céu (4) 43, **50-1**
	observando os pensamentos **50-1**
	o som do agora, receptividade pura (5) **52-3**
	respire **42-3**
	veja também atenção plena; ioga nidra, neti neti; nomeação dos pensamentos; silêncio interior; trátaka

momento presente, consciência do, atenção plena *veja* atenção plena
motivação
    atletas **156-7**
    comprometimento, poder do **62-3**
    manutenção da motivação 64
mudras veja mãos, posição das
multitarefas, evite **154**

N

não reatividade, controle da emoção e habilidade de **144-5**
neiguan 20, **98-9**
    veja também ioga nidra; kundalini; visualização
nervosismo ao falar em público **158-9**
neti neti 20, **116-7**
    veja também autoinvestigação; minimeditações; vipassana
nomeação dos pensamentos 21, **112-3**
    e atenção plena 82
    e atletas 156
    veja também atenção plena; minimeditações; silêncio interior; vipassana
nuvens no céu (minimeditação 4) 43, **50-1**
    veja também minimeditações

O

objetivos 14
    desafios pessoais, superar **146-7**, 155, 156
observação 20
observando os pensamentos **50-1**
    veja também pensamentos
obstáculos à meditação, superar 55, **166-7**
    veja também aulas e professores de meditação; emoções, gerenciar; rituais
obstáculos mentais, atletas **156-7**
ocidental, secularismo *veja* secularismo
olhar
    olhar fixo (minimeditação 2) **46-7**
    terceiro olho, meditação *veja* meditação do terceiro olho trátaka *veja* trátaka
olhos, fechar os 14
ouvidos
    infecção nos, pranayama da abelha 88
    zumbidos nos, pranayama da abelha 88

P

parceiro de meditação 64
passado, aprender com o **36-7**
paz além da dor, meditações tântricas 130
paz interior 29
    samadhi **180-1**
pensamentos
    dominando **32-3**
    espaço entre os, meditações tântricas **133**
    mente calma **30-1**
    nomeação dos pensamentos *veja* nomeação dos pensamentos
    observando os **50-1**
    samadhi, ausência completa de **180-1**
    veja também consciência
pensamentos, nomeação *veja* nomeação dos pensamentos
peso, corpo sem, meditações tântricas 129
poço sem fundo, meditações tântricas 133
postura, princípios da **67**
postura birmanesa **61, 66-9**
postura da árvore 94
postura da borboleta 170
postura da criança *veja* alongamento com os pés afastados
postura da pinça 172
postura de joelhos 68
postura do ângulo limite **170**
postura do crocodilo **95**, 173
postura do ombro 173
postura fácil da cobra 173
    veja também postura do crocodilo
postura invertida do cadáver **172**
posturas, as melhores 61, **66-9**

pranayama 21
pranayama da abelha 76, **88-9**
    veja também alternada, respiração pelas narinas
prática aprofundada da meditação **162-3**
    superar obstáculos **166-7**
prática diária **58-61**
    obstáculos à meditação, superar **166-7**
prática em grupo **80**
    veja também aulas e professores de meditação e
problemas, solução de **148-9**
processo, aprecie o **64-5**
professores *veja* aulas e professores de meditação
progressivo, técnica de relaxamento muscular (RMP) 152
propósito e significado **29**
purificação, efeito de **28**

Q

qi gong 20
quietude 10, 29, **94-5**
    acalmar a mente **46-7**

R

raiva, pranayama da abelha 76, **88-9**
receptividade pura, o som do agora (minimeditação 5) **52-3**
    veja também minimeditações
refletir **54-5**, 163
relaxamento 10, 13, 80
    controle do estresse **26-7**
    e concentração **74-5**
    emoções, gerenciar **144-5**
    ioga nidra *veja* ioga nidra
    meditação e trabalho **152-5**
    postura da árvore 94
    postura da criança **95**, 171
    postura do crocodilo **95**, 173
    postura invertida do cadáver **172**
    pranayama da abelha 76, **88-9**
    relaxamento muscular progressivo (RMP), técnica 152
    tai chi *veja* tai chi

relaxamento muscular progressivo (RMP), técnica de relaxamento muscular **152**
religião 12
respiração **42-3**
   abdominal **70-1**
   alternada pelas narinas *veja* alternada, respiração pelas narinas
   conte as respirações (minimeditação 3) **48-9**
   controle das emoções **145**
   controle do nervosismo **158**
   distração durante a meditação **55**
   irregular **55**
   kinhin *veja* kinhin
   pranayama da abelha 76, **88-9**
   tai chi *veja* tai chi
   terceiro olho, meditação *veja* meditação do terceiro olho
   vipassana *veja* vipassana
   zazen 21, **84-5**, 156, 160
retiros de meditação 163, **174-5**
   veja também aulas e professores de meditação
rituais 14, **164-5**
   obstáculos à meditação, superar **166-7**

S

samadhi **180-1**
samatha 21
secularismo ocidental **19**
sentimentos negativos, evitar 64, **65**
sessão, duração da 15
shashu (*mudra*), posição das mãos **91**
silêncio interior 21, **114-5**
   e atenção plena 82
   veja também atenção plena; meditação abstrata; minimeditações; nomeação dos pensamentos; vipassana
silêncio, do som ao, meditações tântricas **130**

siquismo **19**
   meditação como devoção **178-9**
som do agora, o, receptividade pura (minimeditação 5) **52-3**
   veja também minimeditações
som do silêncio, pranayama da abelha 76, **88-9**
sono 14
   controle do estresse **26-7**
   dormir enquanto medita **54**
   menor necessidade de **23**
sufi, meditação 18, **20**
   dança ritual sufi 20
   meditação sufi do coração **136-7**,
   veja também kirtan

T

tai chi 12, 20, **96-7**
   após muito tempo sentado à mesa 155
   e ansiedade 76
   veja também ássanas da ioga; kinhin
tempo, meditando por mais 162
   prática cotidiana **58-61**
terceiro olho, meditação do *veja* meditação do terceiro olho
todo dia e poder do comprometimento **62-3**
tomada de decisões, melhora da **23**
tranquilidade 14
trátaka 21, **102-3**
   e atletas 156
   veja também meditação com mandala; meditação do terceiro olho; minimeditações
tristeza 134

V

vazio, meditações tântricas **128-33**
védicas, meditações *veja* meditações védicas
vela, objeto de concentração *veja* trátaka

vipassana 21, **86-7**
   e atletas 156
   e criatividade 160
   desenvolvimento de habilidades pessoais 150
   veja também atenção plena; neti neti; nomeação dos pensamentos; silêncio interior; zazen
visualização **104-5**
   ansiedade social, superando **147**
   criatividade 23, **160-1**
   desafios pessoais, superar **146-7**, 155, 156
   expansão da consciência **118-9**
   kundalini 21, **100-1**
   meditação da bondade amorosa *veja* meditação da bondade amorosa
   meditação sem cabeça 21, **120-1**
   meditações tântricas **128-33**
   neiguan **98-9**
   reuniões difíceis, preparando-se para 155
   trátaka *veja* trátaka
   veja também atenção plena; concentração; meditação do terceiro olho
viver no momento **36-7**

Z

zazen 21, **84-5**, 156, 160
   veja também atenção plena; kinhin; meditação abstrata; vipassana; zuowang
zen *veja* budismo e meditação zen
zikr 20
zumbido, *veja* ouvidos
zuowang 20, **126-7**
   veja também autoinvestigação; dzogchen; meditações tântricas; zazen

AGRADECIMENTOS

SOBRE O AUTOR
Giovanni Dienstmann não é um guru ou mestre espiritual, mas um praticante de meditação disposto a compartilhar técnicas eficazes, *insights* e inspirações que o têm ajudado na sua jornada de crescimento pessoal e despertar espiritual.

Ao longo de duas décadas, Giovanni experimentou mais de oitenta técnicas meditativas, leu mais de duzentos livros sobre o assunto, meditou por mais de 8 mil horas e passou um bom tempo na companhia de mestres zen, monges e iogues do mundo todo.

Atualmente professor, orientador e autor de livros sobre meditação, Giovanni busca traduzir e "atualizar" as técnicas e ensinamentos das tradições globais de sabedoria para que sejam mais palatáveis para as pessoas do século XXI, por meio de uma abordagem sistemática, não sectária, racional e pragmática. Giovanni divulga seu trabalho no site LiveAndDare, que está entre os cinco melhores blogues de meditação do mundo.

AGRADECIMENTOS DO AUTOR
Gostaria de tornar pública minha gratidão a todos os mestres e professores que me ensinaram diretamente ou me inspiraram por meio de seu trabalho.

De todos que conheci pessoalmente, menciono alguns: Lakshmana Swami, Shivarudra Balayogi, Mooji, Joshin Sensei, Moriyama Roshi, Swami Muktibodhananda.

Mestres e personalidades que não conheci, mas que influenciaram fortemente meu desenvolvimento no caminho contemplativo, são: Ramana Maharshi, Shivabalayogi, Nisargadatta Maharaj, Papaji, Swami Satyananda, Swami Rama, Swami Vivekananda, Annamalai Swami, Sadhu Om, David Godman, David Frawley, Daniel de Ávila, Osho, Uchiyama Roshi, Adi Shankra e o Buda.

Por último, mas não menos importante, minha gratidão a Sepide Tajima, por todo o apoio em toda minha jornada de aprendizado e ensinamento – incluindo a paciência com minhas obsessões, meus experimentos estranhos e pontos cegos, minha teimosia.

AGRADECIMENTOS DO EDITOR
O editor gostaria de agradecer a Keith Hagan pela ilustração da capa; Louise Brigenshaw e Jade Wheaton, pela assistência de arte; Megan Lea, Rona Skene e Alastair Laing, pela assistência editorial; Corinne Masciocchi, pela revisão; Margaret McCormack, pelo índice; Emily Reid, do Media Archive, Robert Dunn, na produção, Lori Hand e também a editora americana Kayla Dugger.